JN239665

カタチと
骨格で
理解する

魚のおろし方

柴田書店

はじめに

　小社が1998年から99年にかけて6分冊で発行した、別冊専門料理『素材と日本料理』をもとに編集したのが本書です。このMOOKで扱った23種類の魚のおろし方・下処理の技術の解説に、さらに17種の魚種を増やして全40種類の魚介類のおろし方を紹介します。

　本書の特徴は魚を体型別に分類したことです。魚をおろすという作業は、ひらたく言えば骨から身をはずす作業であり、魚の形が似ていれば骨格構造も似てくるため、共通点が多くなります。また似た形の魚は棲み家や泳ぎ方も似ている場合があり、生態が同じ魚はおのずと身質も似てくるので、やはりおろし方は共通します。そのため体型で分類することで、理解が早まると考えたのです。

　魚のおろし方にはいろいろな方法があり、唯一の正解というものはありません。頭や中骨も料理に利用したければわざと身を骨に多くつけておろしますし、時間がなければ短時間でおろせる方法を優先することもあります。ここで紹介したおろし方はその一部にすぎませんが、なぜこのようにおろすのか、理屈を理解すれば、同じおろし方を他の魚種に応用することもできると思います。

　なお先の別冊は『一〇〇の素材と日本料理』と題した上下巻の事典として仕立て直され、2006年に再び世に送り出されました。こちらに収録したのは素材の知識と料理法についてのページであり、本書の姉妹編という位置づけになっておりますので、併読をお勧めいたします。

本書増訂にあたって

　2009年に刊行した『形別魚のおろし方』は、15年にわたり多くの読者の方々の支持を集めて参りましたが、このたび増訂のうえ、再度リリースすることになりました。よりわかりやすいよう山本陽氏による多くの図解イラストを掲載するとともに、包丁の研ぎ方や扱い方、付録として内臓の「つぼ抜き」とその応用である「姿造りのおろし方」について元「分とく山」総料理長の野﨑洋光氏に解説していただきました。さらに使い勝手を向上させました本書を引き続きご愛顧いただけるようお願い申し上げます。

目次

 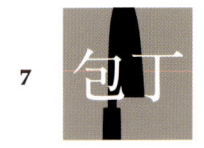

凡例

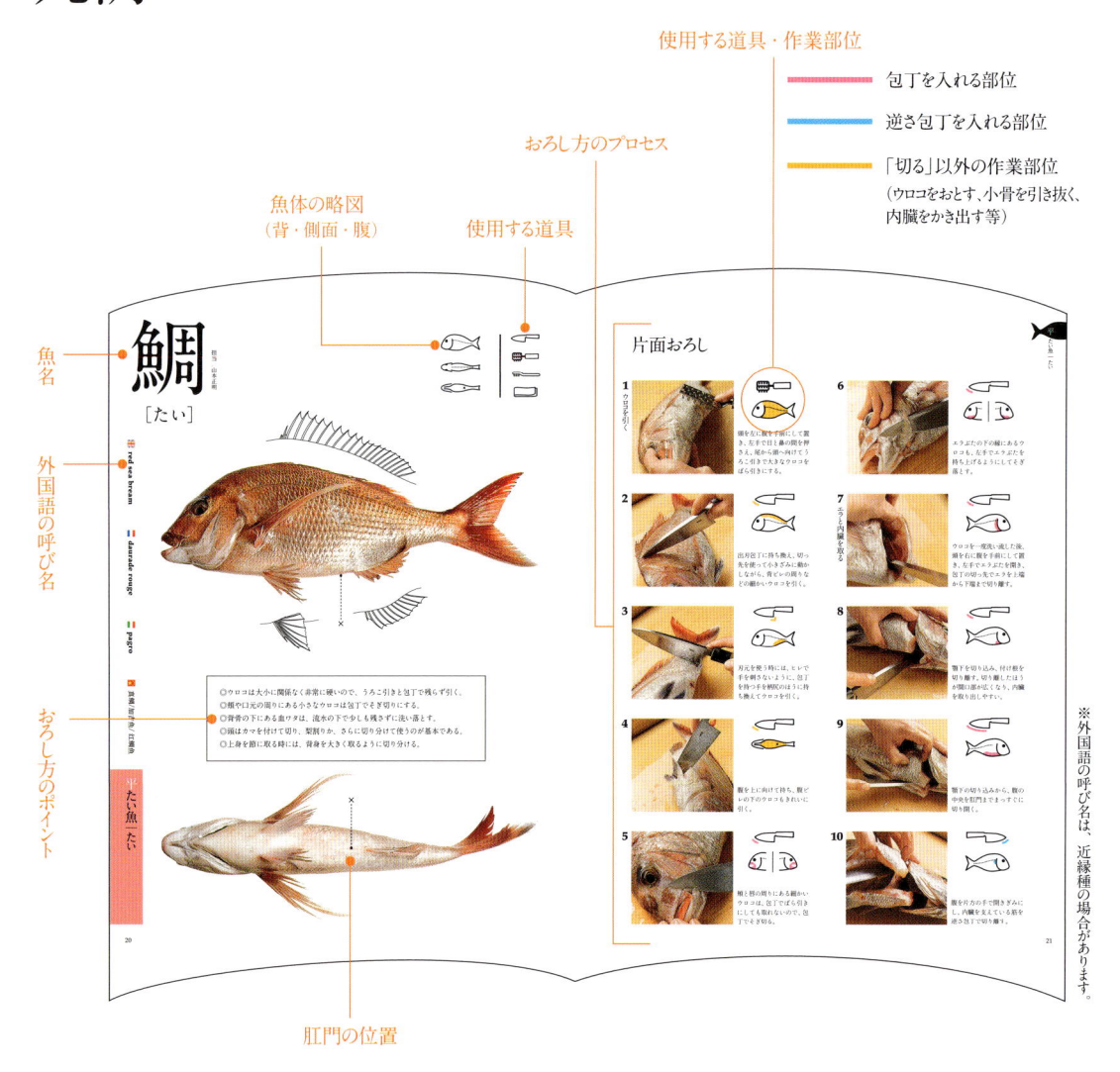

使用する道具・作業部位

- ▬▬▬ 包丁を入れる部位
- ▬▬▬ 逆さ包丁を入れる部位
- ▬▬▬ 「切る」以外の作業部位
  （ウロコをおとす、小骨を引き抜く、内臓をかき出す等）

おろし方のプロセス

魚体の略図（背・側面・腹）

使用する道具

魚名

外国語の呼び名

おろし方のポイント

肛門の位置

鯛
[たい]

red sea bream

daurade rouge

pagro

◎ウロコは大小に関係なく非常に硬いので、うろこ引きと包丁で残らず引く。
◎腹や口元の周りにある小さなウロコは包丁でそぎ切りにする。
◎背骨の下にある血ワタは、流水の下で少しも残さずに洗い落とす。
◎頭はカマを付けて切り、梨割りか、さらに切り分けて使うのが基本である。
◎上身を節に取る時には、背身を大きく取るように切り分ける。

平たい魚「たい」

20

片面おろし

1 ウロコをひく
2
3
4
5
6
7 エラと内臓を取る
8
9
10

21

※外国語の呼び名は、近縁種の場合があります。

本文中で使用する道具一覧

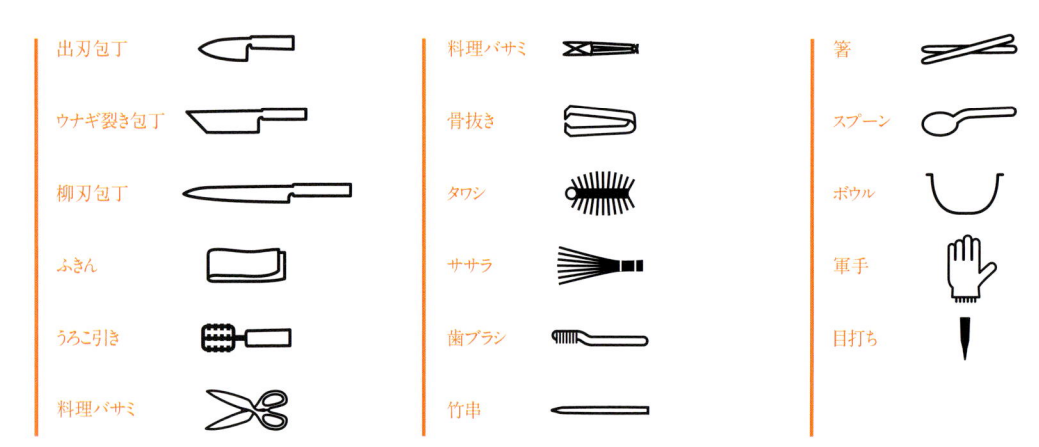

出刃包丁	料理バサミ	箸
ウナギ裂き包丁	骨抜き	スプーン
柳刃包丁	タワシ	ボウル
ふきん	ササラ	軍手
うろこ引き	歯ブラシ	目打ち
料理バサミ	竹串	

4

部位の名称

魚の部位

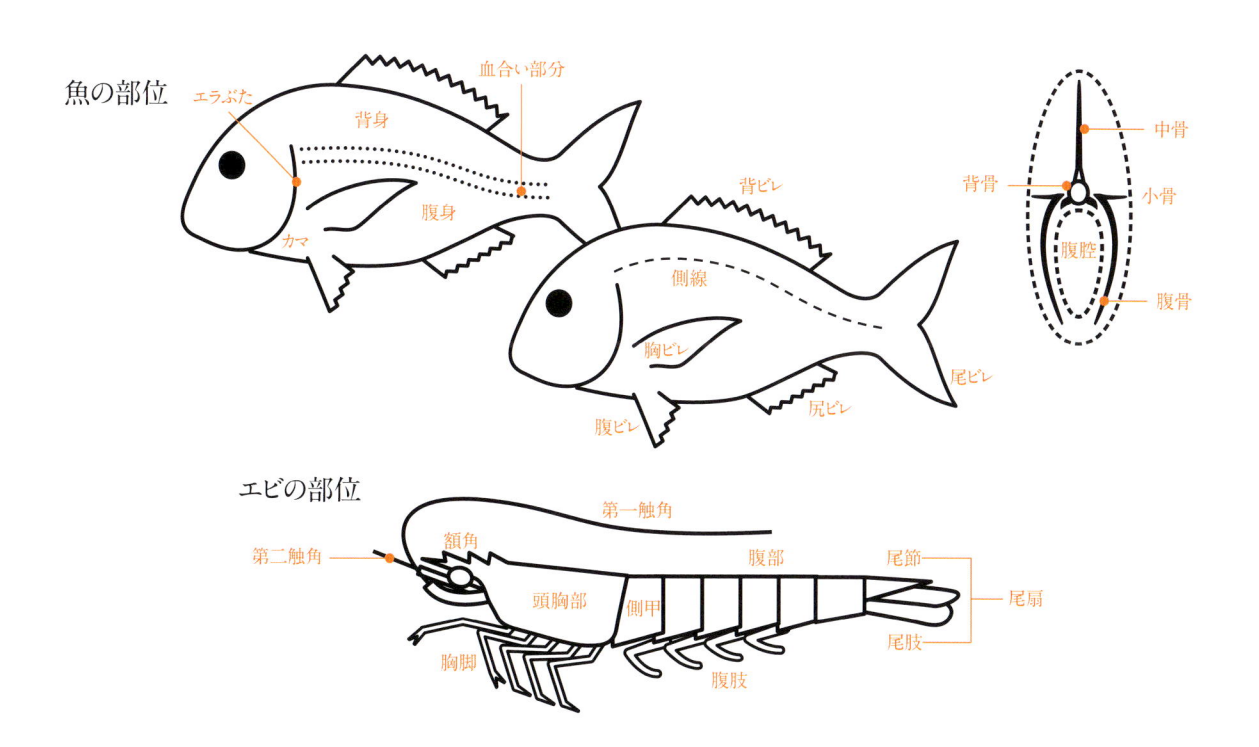

エラぶた
背身
血合い部分
腹身
カマ
背ビレ
側線
胸ビレ
腹ビレ
尻ビレ
尾ビレ
中骨
背骨
小骨
腹腔
腹骨

エビの部位

第二触角
額角
第一触角
腹部
尾節
頭胸部
側甲
尾扇
尾肢
胸脚
腹肢

イカの部位

胴長
ヒレ
頭部
触腕
脚
足

アワビの部位

クチバシ
エンガワ（ミミまたはエンペラ）
身（足）
ホシ（貝柱状の部分）

カニの部位

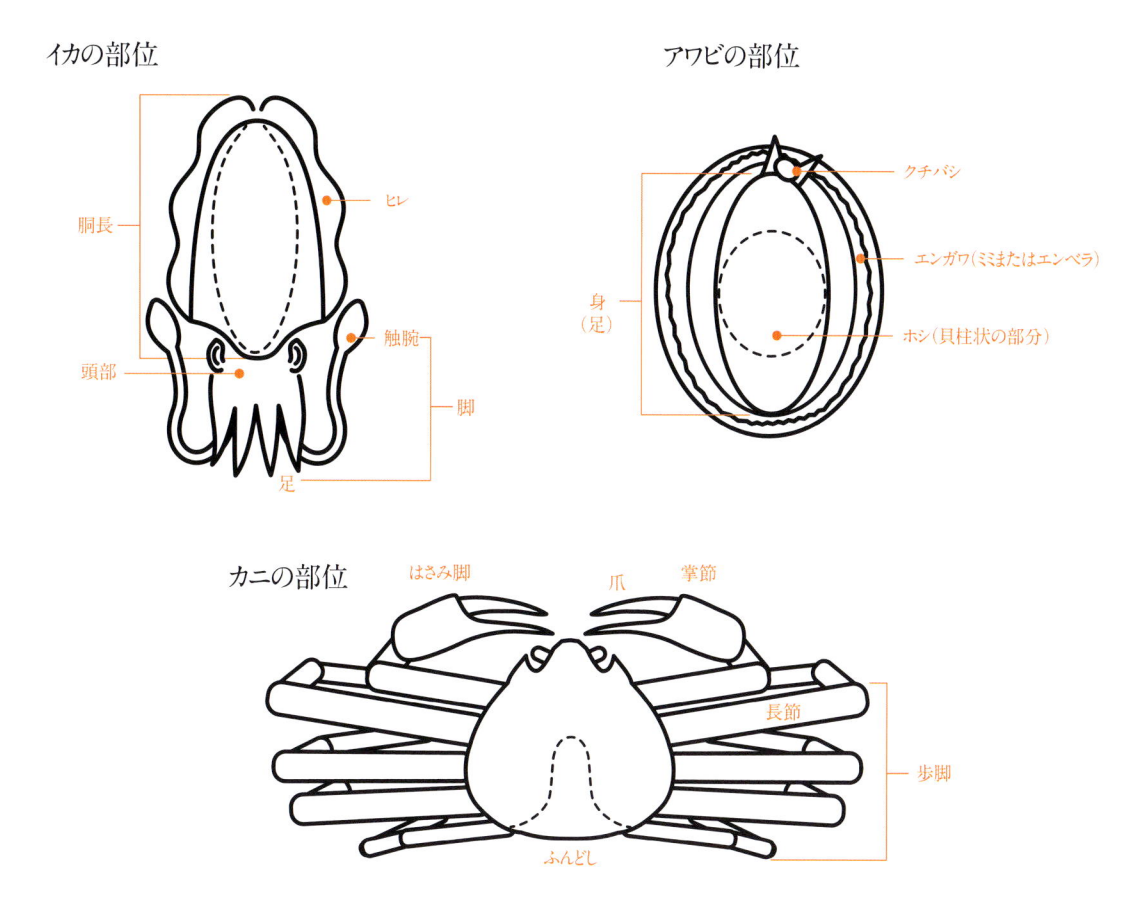

はさみ脚
爪
掌節
長節
歩脚
ふんどし

撮影／天方晴子・海老原俊之・高島不二男・高橋栄一・吉澤善太

デザイン・イラスト・DTP／山本 陽 (エムティクリエイティブ)

取材協力／㈲高平 (東京都中央卸売市場築地市場)

　　　　㈲兼長 (東京都中央卸売市場足立市場)

　　　　東翔水産㈱ (東京都中央卸売市場足立市場)

主な参考文献／魚類解剖大図鑑 (緑書房)

　　　　　　新魚類解剖図鑑 (緑書房)

　　　　　　商用魚介名ハンドブック 3訂版 (成山堂書店)

　　　　　　フランス料理仏和・和仏辞典 (柴田書店)

　　　　　　イタリア料理用語辞典 (白水社)

　　　　　　中国料理小辞典 (柴田書店)

　　　　　　イタリア料理小辞典 (柴田書店)

　　　　　　包丁と砥石 (柴田書店)

　　　　　　包丁・砥石の選び方 使い方 育て方 (柴田書店)

編集／高松幸治

包丁

包丁を研ぐ作業は、
包丁の構造をよく知らねば行なえず、
魚をおろす作業の理解につながります。
"研ぎ"を身につけることは、"おろし"を
身につける助けとなるのです。
なおここで紹介するのは中砥と仕上げ砥を
使った出刃包丁の普段の手入れの方法。
骨を切って刃こぼれしてしまった場合などは
荒砥を使って研がねばなりませんが、
これは研ぎの専門書を参考にしてください。

包丁の基本と研ぎ方

表側

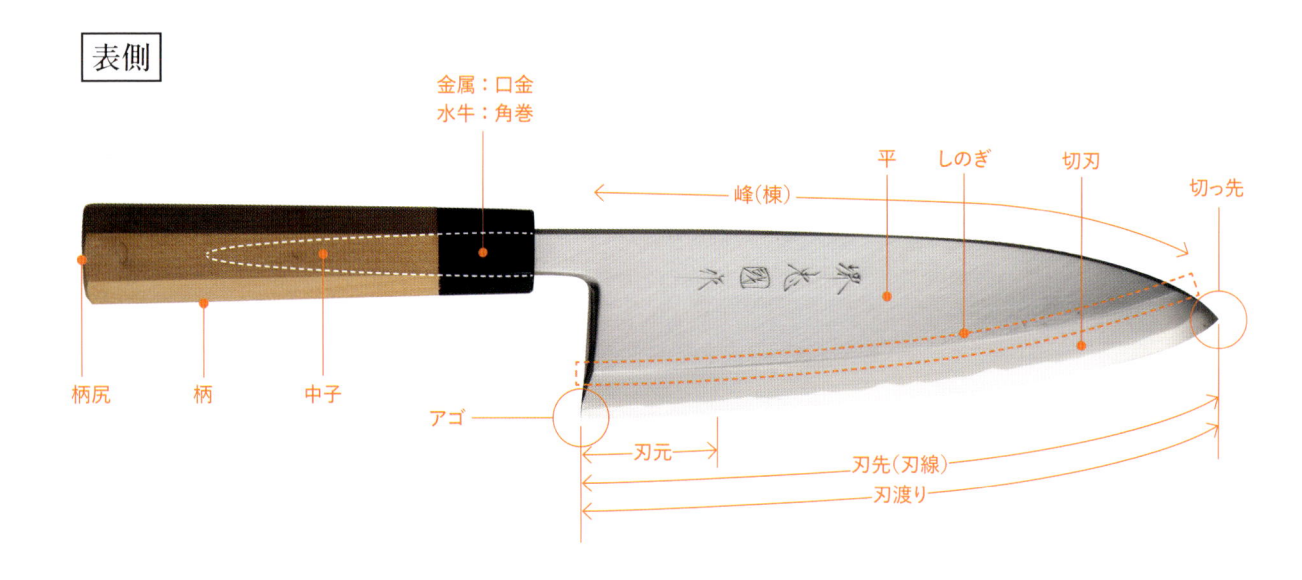

金属：口金
水牛：角巻

平　しのぎ　切刃　切っ先

峰（棟）

柄尻　柄　中子

アゴ

刃元

刃先（刃線）

刃渡り

◎包丁を研ぐ際は峰を硬貨一枚が挟まる程度にやや浮かせて、左手の指で砥石に押し当てる。この指の下の部分が研げる。

◎出刃包丁の切っ先から中央近くにかけては刃が曲線を描いているので、研ぎ方が刃元近くとは異なる。

◎片刃の和包丁特有の刃の傾きを意識して研ぐこと。この傾きは魚を切り開く際の刃の傾きにあたる。

裏側

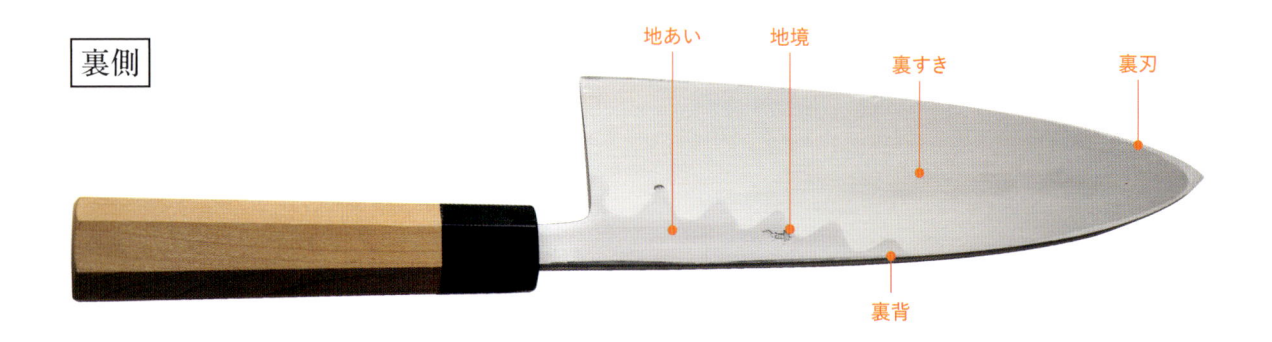

地あい　地境　裏すき　裏刃

裏背

包丁の研ぎ方

1 包丁の握り方

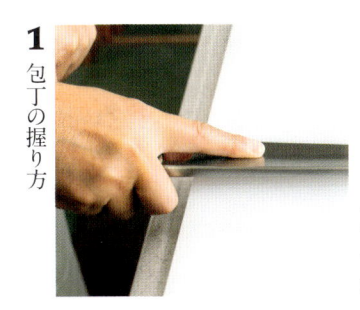

人差し指を包丁の峰に当て、中指から小指までの指で柄を握り込む。親指は平の部分に当てる。

2

左手の中指を中心に3本の指で包丁の刃を砥石（写真ではまな板）に押し合てる。この指で押さえている部分が研げる。

3

砥石（写真ではまな板）と包丁の間は、硬貨が1枚挟まる程度の隙間を作る。

4

45°

実際に硬貨を挟んでみた（写真は見えやすいよう右手を離している）。包丁は砥石に対して45度の角度で置く。

5 中砥で研ぐ

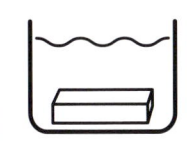

砥石は30分ほど水に浸け、安定した場所に置く（写真の砥石と同じ幅の細長い板は手製）。ふきんの上に乗せるとすべらない。

6

真ん中から刃元にかけては刃が直線なので、右手、左手ともに角度を変えず、砥石の先端方向に向けてまっすぐに押し出す。

7

押し出し終わり。砥石の同じ場所ばかりを使っていると不均一にすり減るので、時々砥石を裏返すなどして包丁の当たる位置を変える。

8

数回繰り返したら、適宜、刃についた研ぎ汁を洗い流す。少しずつ刃元に向かって左手の指の位置をずらして研ぐ場所を変える。

9

刃元近くを研ぐ際には包丁を持ち変える。小指から人差し指まで曲げて包丁を握り込む。

10

砥石の先端方向に向けてまっすぐに押し出す。

11

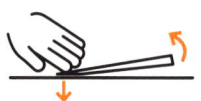

切っ先を研ぐ際は包丁の峰をやや立てて、切っ先を押し当てるようにする（写真**3**と比較するとわかりやすい）。

12

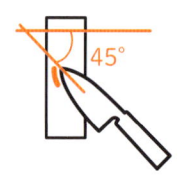

45°

砥石に対して6同様に45度の角度をつけて置く。

13

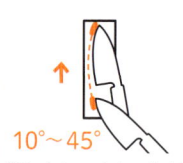

10°〜45°

奥に向かってまっすぐに押し出すのではなく、45度から10度くらいになるよう、砥石の上で弧を描くように左手を動かす。

14

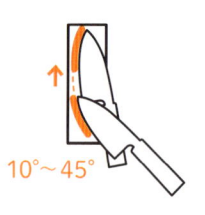

10°〜45°

切っ先から中央にかけては刃が曲線になっているので、同じ要領で研ぐ。

15

弧を描くように、45度から10度くらいになるよう動かして研ぐ。

16

仕上げ砥で研ぐ

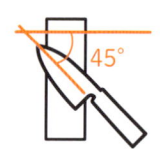

45°

続いてより目の細かい仕上げ砥で研ぐが、基本動作は中砥と同様。砥石に対して45度の角度をつけて置く。

17

刃が直線の部分はまっすぐ押し出す。

18

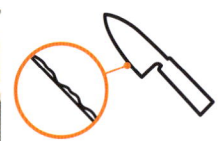

包丁を研ぎ続けると、研ぎ残りがバリのように刃の先に出てくる（「カエリ」という）ので、刃を指でさわって確かめる。

19

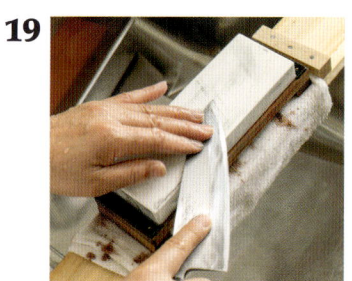
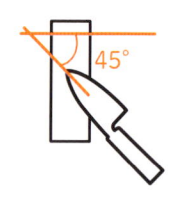

45°

包丁を裏返して、砥石に対して45度の角度をつけて置く。

20

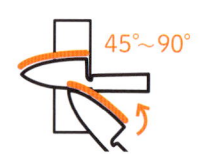

45°〜90°

弧を描くようにして包丁を90度の角度になるように動かす。なでる程度でカエリは取れるので、軽く2回程度でとどめる。

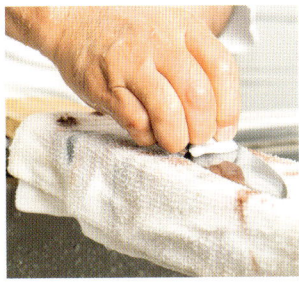

21 包丁を磨く

包丁は使用後に、錆びや曇りを防ぐため磨いておく。かつてはクレンザーを用いたが、今はメラミンのスポンジが便利。

22

柄も同様に磨く。この後水気をよくふき取って乾燥させた後、しまう。長期間使わない際は、薄く油を塗っておく。

片刃の包丁の利点

片刃である和包丁には、切刃が斜めに傾いている。この傾きを利用して、切刃とまな板を並行にして切り込んでいけば自然におろすことができる。なお包丁の裏側は微妙に凹んでおり、切りはずした素材が張り付くのを防いでくれる。そのため仕上げ砥で包丁の裏を研ぐ際には、この凹みがなくなるほど何度も研いではいけない。

指の先が切刃。

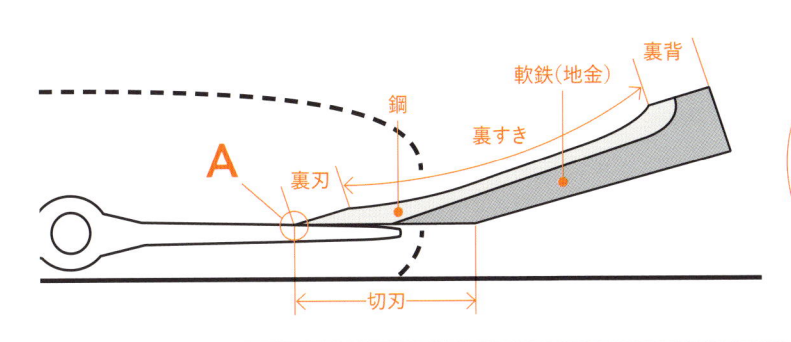

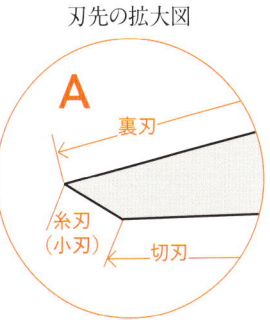

刃先の拡大図

包丁の握り方

1

通常の包丁の握り方。中指から小指までの3本の指で柄を握り、人差し指を立てて峰に当てる。

2

包丁のアゴを使用する際や、力を込めて切る際には人差し指から小指まで4本の指で柄を握る。親指は包丁の平に当てる。

3

包丁の切っ先近くで細かい作業をする際には、**2**のように親指を包丁の平に当てるが、**1**のように人差し指を立てる。

4

包丁の刃渡り全体を使って作業をしたい場合は、**1**よりも柄尻に近い方を握るようにする。

5

逆に包丁の切っ先近くのみを使って力を入れて作業をしたい場合は、**3**よりもさらに深く包丁を握り込む。この握り方では、中骨から小骨を切りはずすなど、赤線で示した範囲の刃を用いて作業する。

5の包丁の握り方の手順。小指を包丁のアゴにひっかける。

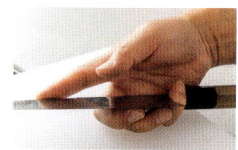

反対側から見た状態。薬指と中指は包丁の平に、人差し指は包丁の峰に当てる。

そのまま親指を包丁の平に当てて安定させる。

包丁の構え方

1

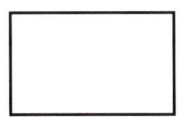

包丁を持った際の姿勢。まずまな板に向かってまっすぐに立つ。ちなみに包丁を研ぐ際には、このように正対して行なう。

2

45°

そのまま利き腕の側の足を半歩引き、まな板に対して45度の向きとなる。

3

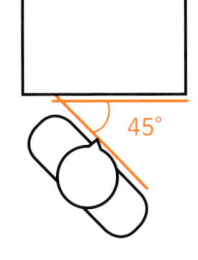

45°

体を半歩引くことで、利き腕を引いてもひじが体に当たらなくなる。

4

刃元近くから刃渡り全体を使って切ると、より鋭利に切れる。刺身を切る場合などは包丁を45度くらいに傾けて、刃を当てる。

まな板と並行になるよう傾けていく。この時、包丁の先が曲線を描いているとさらに手首のスナップを効かせることができる。

右は研ぎすぎて、切っ先から刃元までまっすぐになってしまった包丁。切っ先の曲線がないため、手首のスナップが効かない。

魚の骨格と作業の流れ

「魚をおろす」ということは、すなわち魚の骨から身を切りはずすということ。ここではタイ（内臓を抜き、頭を切りはずした状態）の三枚おろしを例に、骨格の写真と比較しながら包丁が魚のどの部分を切っているのかを見ていく。身を切りはずすと背骨と鰭を支える多くの骨は尾のついた「中骨」となる。ただし腹骨や身の中に食い込んでいる小骨は、改めて切り除くか、骨抜きで抜かなければならない。

なおここで行なっているのは三枚おろしでも「両面おろし」と呼ばれる技法で、22頁以下では「片面おろし」でタイをおろしている。それぞれの違いはさらに次頁よりイラストで解説しよう。

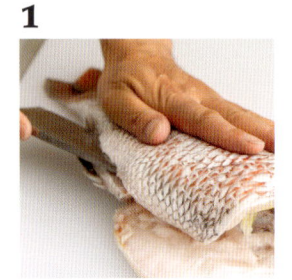

1 尻ビレの付け根から包丁を入れ、尾にむかって**A**の骨の上を滑らせるように切り込みを入れる。

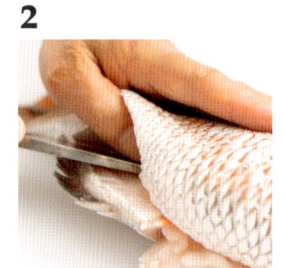

2 背骨から伸びる**B**の骨の上をすべらせるように切り進める（流れの早いところに住むタイの場合、**B**の骨にこぶができていることがあるのでひっかからないよう注意する）。

3 **C**の背骨に到達するまで切り進める。背骨から上に向かって生えている**D**の小骨（血合骨）を包丁が切断し、ピ、ピ、ピと音がする。

4 頭を左、背を手前に置き直し、**E**の背ビレの付け根に切り目を入れる。

A 臀鰭近位担鰭骨

B 血管棘

C 椎骨（背骨）

D 上椎体骨（小骨、血合骨）

E 背鰭棘

F 背鰭近位担鰭骨

G 肋骨（腹骨）

写真提供／アーテファクトリー

5

Fの骨の上を切り進める。引っかかるとカタ、カタと音がするので、すべらせるように滑らかに切る。

6

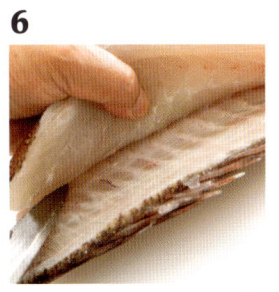

Cの背骨に到達するまで切り進める。Dの小骨を切断する。

7

包丁を立ててGの腹骨の付け根を切断する。尾の付け根を切ると片身がはずれる。

8

頭を右、背を手前に置き、反対側の片身は背側から**4～6**の要領でおろしていく。左手で魚体を押すと背ビレ側が持ちあがって切り目を入れやすくなる。

魚のおろし方の種類

3枚おろし（両面おろし）

一般的な三枚おろしの方法。腹から背骨に向かって腹身を切り進めたのち、180度向きを変えて背身を手前に置き直し、再び背骨に向かって切り進め、最後に背骨と身の接合部を切りはずす（背骨から飛び出していた骨を切断するため、この部分がいわゆる「小骨」となる）。続いて、中骨を下に向けて裏返して…というふうに頻繁に魚の向きを変える。ただしマグロなどの大形の魚の場合は身割れしやすいので、片身をはずし終えたら裏返さずに、残りの身から中骨のほうを切りはずすという変則的な方法をとる。

1 腹のほうから腹ビレの付け根ぎわに包丁を入れ、尾まで切り進めていく。

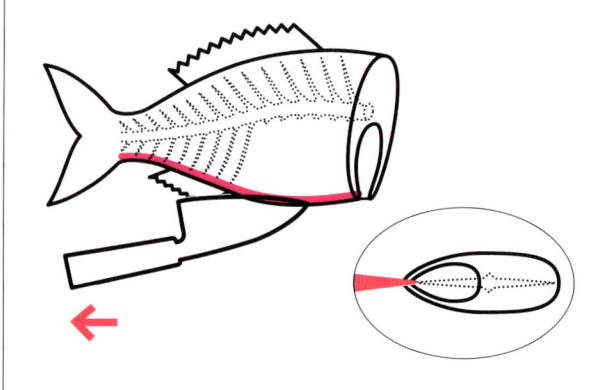

2 頭のほうから尾に向かって中骨にそって背骨に達するまで包丁を入れていく。

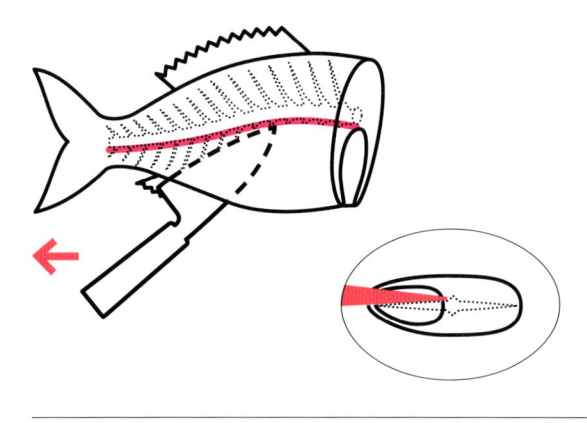

3 背骨の盛り上がった部分に包丁を入れる。背骨の太い魚は包丁の刃を少し上向きにするとよい。

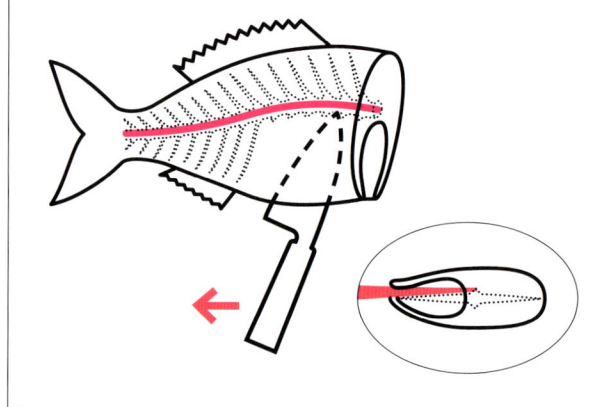

4 身の向きを変え、中骨にそって尾のほうから1〜3と同じ要領で包丁を入れていく。

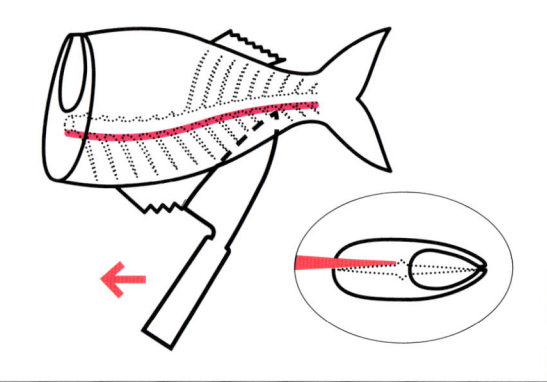

5 尾ビレの付け根を切り、尾のほうから背骨上をなぞるように切り、中骨にそって切り進め身を切り離す。

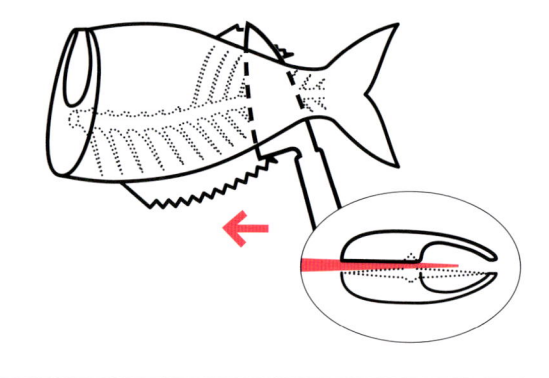

6 身を裏返し、頭のほうから背ビレの付け根ぎわにそって尾まで切り進める。

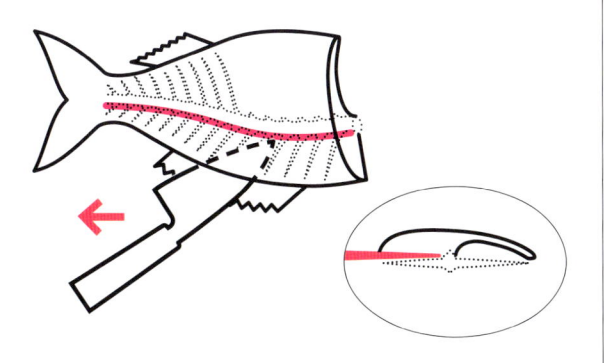

7 180度向きを変え、尾のほうから背骨上に包丁を入れ、身を切り離す。

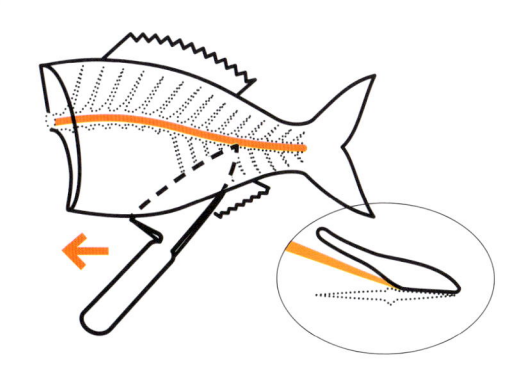

3枚おろし（片面おろし）

同じ三枚おろしでも腹身をおろした後、魚を置き直さずに、背骨を乗り越えて包丁を差し込み、腹側から背身をはずしていく方法。魚の向きを180度変えないで済むぶん、作業は楽となる。身くずれしくい魚や、背骨が太くなくて包丁を差し込みやすい魚が向いている。本書中のアイナメやホウボウなどはこの方法でおろしている。

1 両面おろし1〜3までと同じように腹身をおろす。

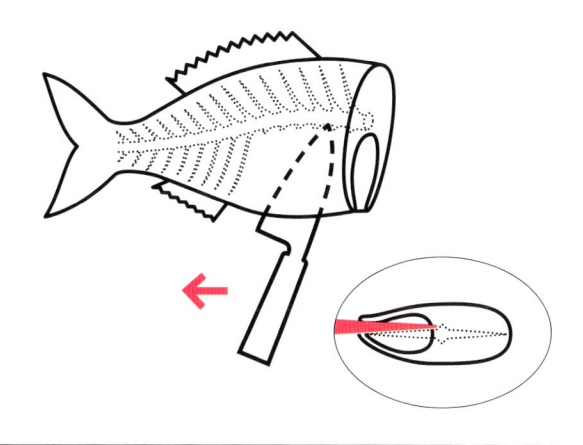

2 身の向きを変えず、包丁の角度を立てて、そのまま背骨をなぞるようにして切り進める。

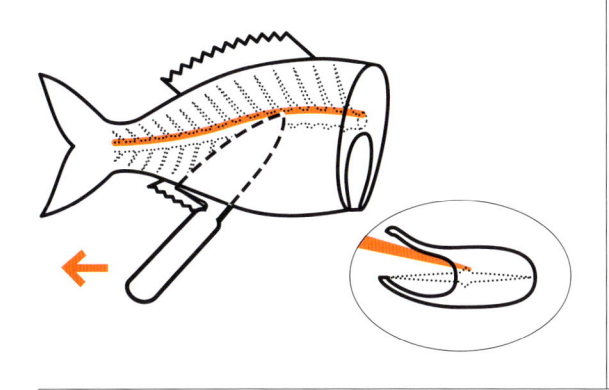

3 包丁をねかせ、中骨にそって頭のほうからなめらかに包丁を入れ身をおろす。裏身も同じ要領をくり返す。

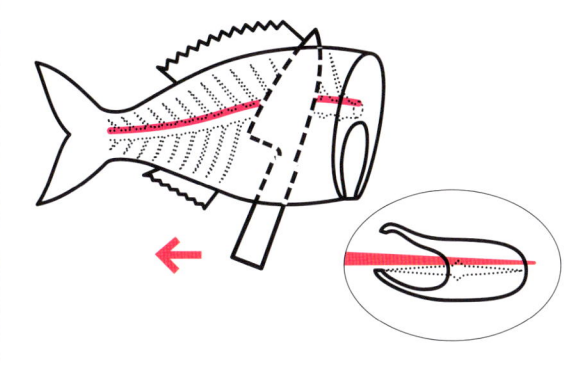

大名おろし

片面おろしよりもさらに簡単な方法で、魚の向きを変えないばかりか、腹身と背身を同時に中骨から切りはずす。そのため中骨に身が残りやすく、贅沢だということから「大名」と呼ばれる。細長くて柔らかい魚や、歩留まりを気にしないで済む安価な魚に向いている。本書ではサケ、トビウオ、アンコウなどがこのおろし方。

1 背骨ぎりぎりのところに中骨と平行に包丁を入れ、刃元から切り始める。

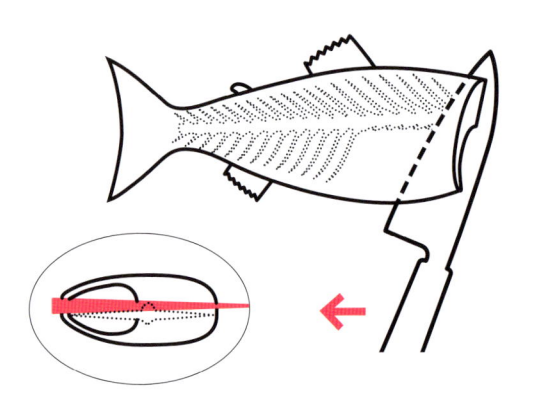

2 包丁の刃先まで使いきって一息に身をおろす。

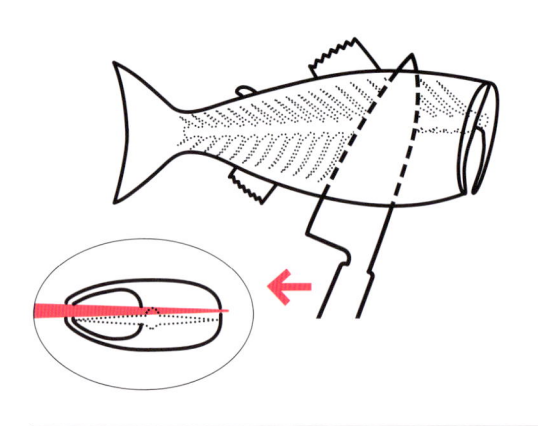

5枚おろし

特に平たい形のヒラメやカレイに用いられる方法で、魚に縦に切り目を入れて、背身と腹身を別々に切りはずしていく。二枚ずつの背身と腹身、さらに中骨の計五枚に分解されるので、この名がある。

1 背骨にそって縦に切り目を入れ、腹骨の付け根を切りはずしておいてから、頭のほうから中骨にそって包丁をねかせてなめらかにおろしていく。

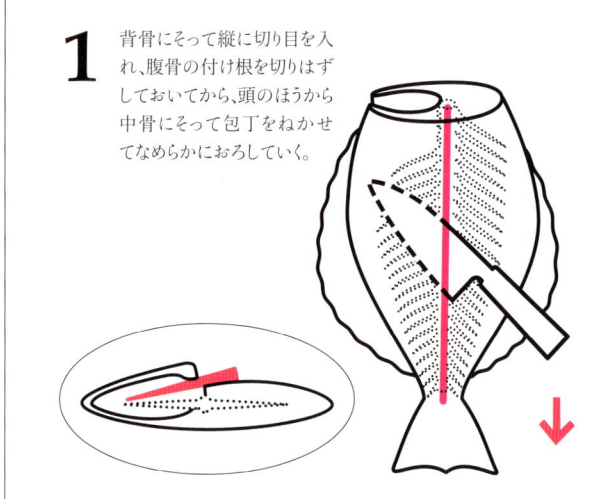

2 向きを変え、包丁をねかせ中骨にそって尾のほうからなめらかにおろしていく。

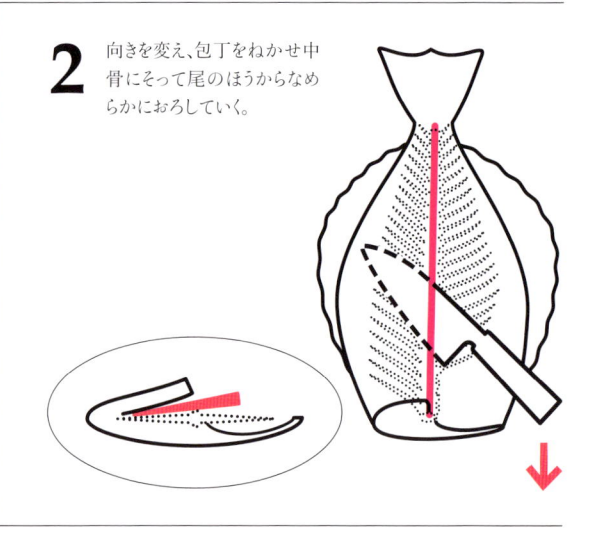

その他のおろし方

三枚おろしのほかにも、中骨のみをはずして身はつながった状態にする二枚おろし（本書ではハゼ）や、切り開いただけの状態にする一枚おろし（キチジ）などのおろし方もある。ウナギやハモのような特に長い魚は二枚におろすが、目打ちで頭をまな板に固定するため、片面から片身をはずしたら、大形の魚と同じく身から中骨のほうを切りはずす。

平たい魚

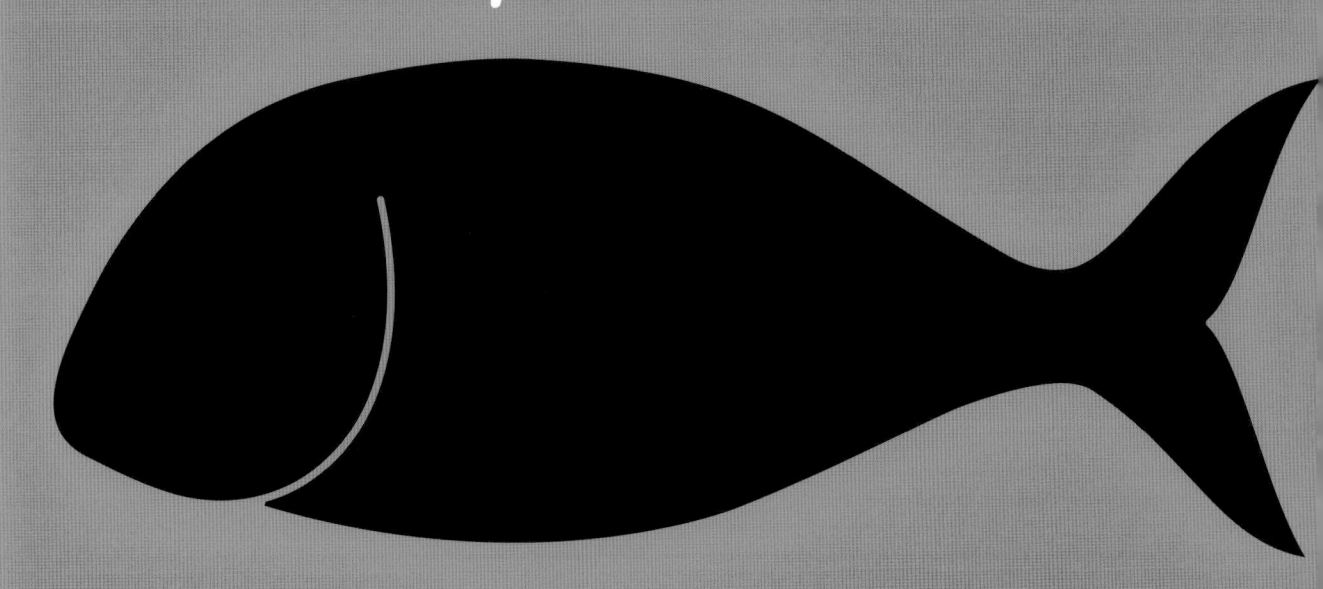

平均的な形の魚です。
そのため磯魚や青魚などの
タイプの異なる魚種もここに収録しました。
基本は三枚おろしですが、用途によっては
二枚や一枚に開くこともあります。

鯛

担当／山本正明

[たい]

red sea bream

daurade rouge

pagro

真鯛/加吉魚／紅鯛魚

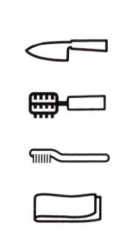

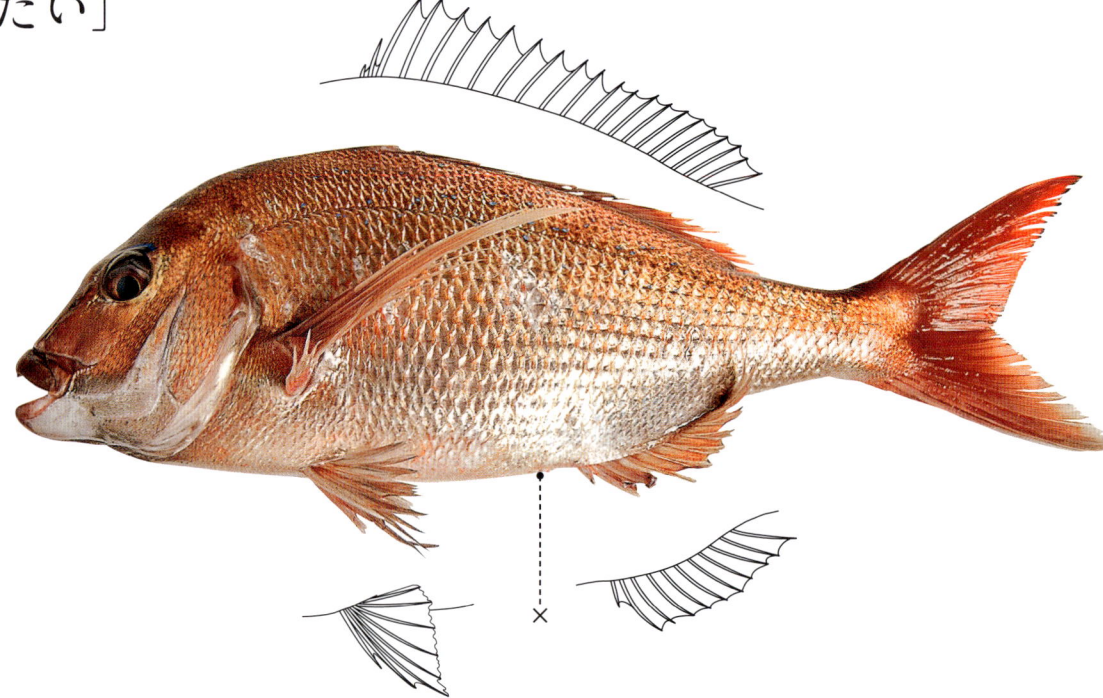

◎ウロコは大小に関係なく非常に硬いので、うろこ引きと包丁で残らず引く。

◎頬や口元の周りにある小さなウロコは包丁でそぎ切りにする。

◎背骨の下にある血ワタは、流水の下で少しも残さずに洗い落とす。

◎頭はカマを付けて切り、梨割りか、さらに切り分けて使うのが基本である。

◎上身を節に取る時には、背身を大きく取るように切り分ける。

平たい魚｜たい

片面おろし

1

ウロコを引く

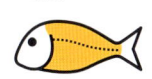

頭を左に腹を手前にして置き、左手で目と鼻の間を押さえ、尾から頭へ向けてうろこ引きで大きなウロコをばら引きにする。

6

エラぶたの下の縁にあるウロコも、左手でエラぶたを持ち上げるようにしてそぎ落とす。

2

出刃包丁に持ち換え、切っ先を使って小きざみに動かしながら、背ビレの周りなどの細かいウロコを引く。

7
エラと内臓を取る

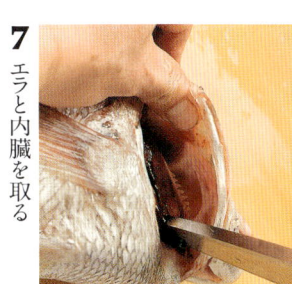

ウロコを一度洗い流した後、頭を右に腹を手前にして置き、左手でエラぶたを開き、包丁の切っ先でエラを上端から下端まで切り離す。

3

刃元を使う時には、ヒレで手を刺さないように、包丁を持つ手を柄尻のほうに持ち換えてウロコを引く。

8

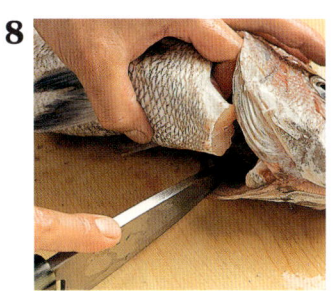

顎下を切り込み、付け根を切り離す。切り離したほうが開口部が広くなり、内臓を取り出しやすい。

4

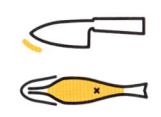

腹を上に向けて持ち、腹ビレの下のウロコもきれいに引く。

9

顎下の切り込みから、腹の中央を肛門までまっすぐに切り開く。

5

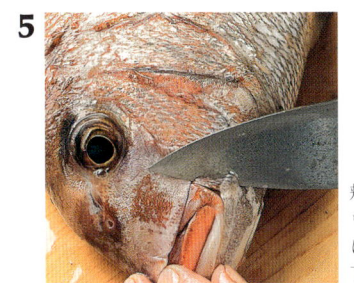

頬と唇の周りにある細かいウロコは、包丁でばら引きにしても取れないので、包丁でそぎ切る。

10

腹を片方の手で開きぎみにし、内臓を支えている筋を逆さ包丁で切り離す。

11

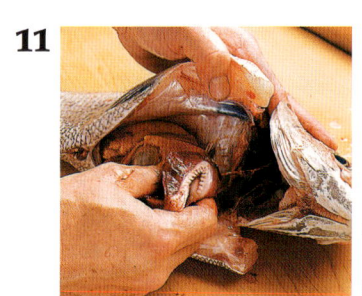

手でエラと内臓を一緒に持ち、尾のほうへ強く引きはがして腹から取り出す。

12 水洗いする

背骨の下にある浮き袋と血ワタをおおっている膜に切っ先で切り目を入れる。身に包丁を入れないよう気をつける。

13

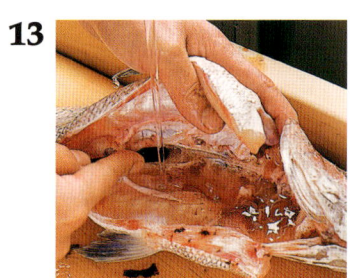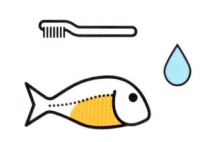

内臓を取り出したら、流水で背骨の下を歯ブラシでこすり、血ワタや汚れを洗い流す。歯ブラシはササラよりも身を傷つけない。

14

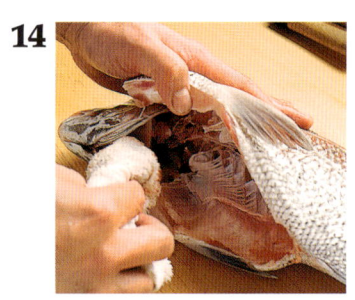

ふきんで腹の中に残っている血水をきれいにふき取る。

15

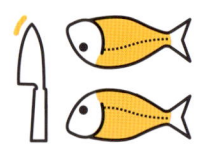

頭を切り落とす前に、もう一度出刃包丁の刃を立てて表面を軽くなぞり、ウロコの取り落としがないかどうかを再度確認する。

16 カマ下で頭を落とす

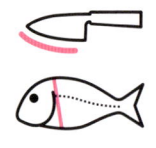

頭を左に腹を手前にして置き、左手で顎を持ち上げるようにし、右手で持った包丁を右斜めにしてカマ下に入れ、背骨まで切る。

17

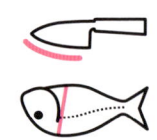

背骨まで切り目を入れたら、背が手前になるように裏返して置き換え、もう一方も同様にカマ下から斜めに背骨まで切る。

18

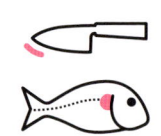

左右からたすきに切り込んだ後、背骨の関節を切っ先で切り離す。タイの背骨は硬いので、無理に叩き切らないこと。

19

反対に置き換えて、頭の付け根の皮を切って頭を落とす。頭も身も同等の価値があるので、切り口はあくまでもきれいにする。

20 三枚におろす

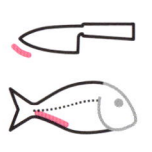

尾を左に腹を手前にして置き、尻ビレの上にそって、尾の付け根まで切り目を入れる。

21

さらに中骨の上にそって背骨まで切り進める。身を返して持つと、身割れするので、左手の扱いもていねいにする。

26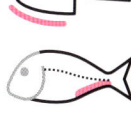

尾を持って180度反転させて腹を手前に置き、尻ビレにそって包丁の刃先を入れ、中骨の上を切り進める。

22

左手で上の片身を持ち上げ、背骨と腹骨の付け根に刃先をあてて力を入れて切り離す。

27

切り開いた身を左手で持ち上げながら、刃先を大きく使い、中骨の上を背骨まで切り進める。

23

そのまま背身のほうまで中骨の上を切り進め、片面おろしの方法で片身を切り離す。

28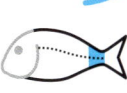

出刃包丁の切っ先を逆さ包丁で身と中骨の間に差し入れ、尾の先まで切り離して、もう一方の片身もおろす。

24

片身を切り取った側を下に、背を手前に置き、肩口より背ビレの上にそって包丁の刃先を入れ、中骨の上を切り進める。

29 腹骨を取る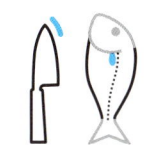

片身を、皮を下にして置き、左手を腹骨の上に添え、逆さ包丁で腹骨の付け根に切り目を入れる。

25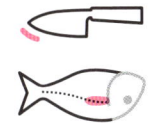

切り開いた身を左手で持ち上げながら、背骨まで包丁の刃先を切り進め、腹骨の付け根を切り離す。

30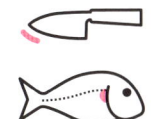

出刃包丁を持ち換え、切り目にそって刃先全体を使うようにして腹骨をそぎ切りにし、最後に刃を立てて切り取る。

頭をさばく

31 節に取る

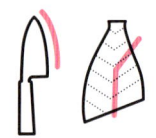

腹骨を切り取った上身を、皮を下にして置き、小骨（血合い骨）を腹身に付けて節に取るようにする。

1 頭を梨割りにする

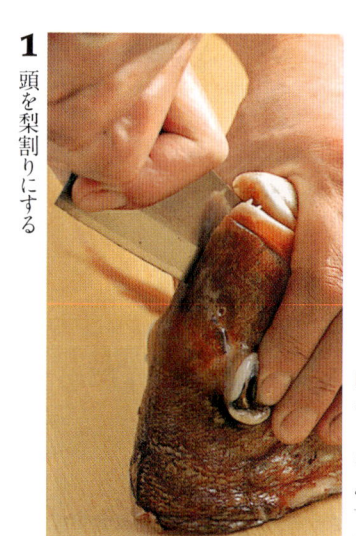
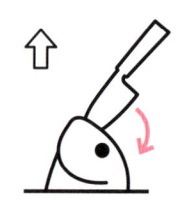

口を上に目を手前にして頭を置き、左手で目の近くをしっかり押さえ、出刃包丁を口の真ん中に縦に差し込み、切っ先を支点にして包丁を押し下げて頭を梨割りにする。

32

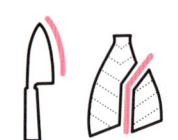

背身が同じ幅を保つように、背の稜線とほぼ平行に包丁を入れ、背身と腹身に切り分ける。

2

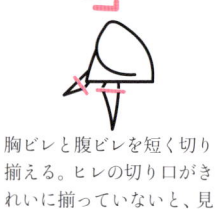

胸ビレと腹ビレを短く切り揃える。ヒレの切り口がきれいに揃っていないと、見た目が悪い。

33 小骨を取り除く

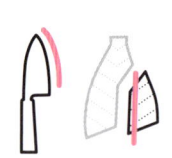

腹身を縦に置き、できるだけ骨に身を付けないようにして、小骨を切り取る。

3 頭の片身を切り分ける

梨割りにした頭の表を上にして置き、鼻筋と直角になるようにして目の下に切り目を入れる。

34

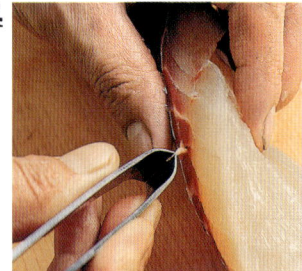
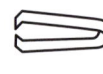

取り残した小骨を指の腹で探りながら、骨抜きで一本残らず抜き取る。

4

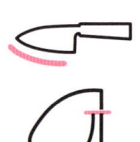

頭を裏返し、エラぶたの付け根に切り込みを入れ、カマの部分を切り離す。

5

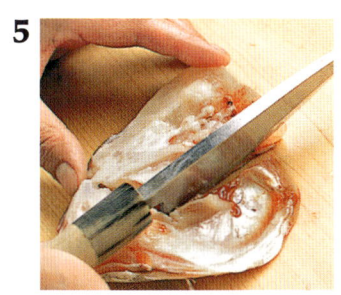

目の付いている部分の、**3**で入れた切り口の先端と交差するように目の下に包丁の刃元を叩きつけ、二つに切り分ける。

6

切り離した目の部分を表に返し、目の後ろに包丁の刃元を立てて置き、包丁の峰に手のひらを打ちあてるようにして切り分ける。

7

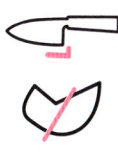

身の付いていないエラぶたを刃元を使って口の部分から切り離す。

8

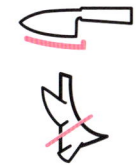

カマの部分を胸ビレと腹ビレの二つに切り分ける。小さな頭の場合は切らないで用いる。

9

六切れに切り分けたタイの頭。ただし、そのうちのエラぶた部分（写真中央）は身が付いていないので使わない。

甘鯛

担当／山本正明

［あまだい］

🇬🇧 **tilefish**

🇫🇷 **dorade amadaï**

🇨🇳 方头鱼／马头鱼

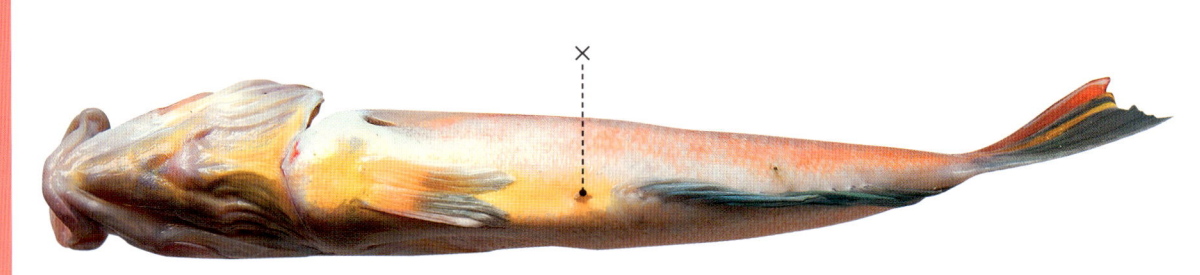

◎ばら引きにする場合、身くずれしやすいのでうろこ引きを手荒く扱わない。

◎ばら引きにする場合、背にウロコが数枚残るので骨抜きを使って抜く。

◎頭を割る場合、包丁が刃のないほうへ流れるので意識して刃先を反対側へ向ける。

◎すき引きにする場合、ウロコと皮の間に包丁の刃先を入れ、ウロコを大きくはがす
　ようにしてウロコを引く。

◎エラの周囲はウロコが小さいので、その部分を浮かせるようにして持ち、すき引く。

平たい魚｜あまだい

背割りにして三枚おろし

1 水洗いする

アマダイは鮮度がよいものほど表面に粘液をもっているので、流水の下で、タワシで軽くこすり、きれいに洗い落とす。

6
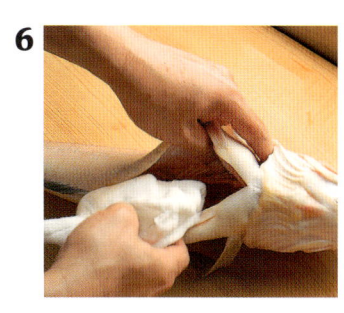 

血ワタをきれいに洗い流したら、ふきんを使って腹の中に残っている水をきれいにふき取る。

2
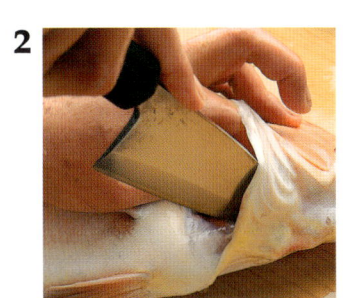 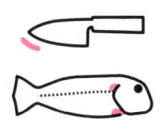

ふきんで水分をふき取った後、左手でエラぶたを開き、出刃包丁の切っ先を差し入れてエラの上下の付け根を切りはずす。

7 背割りにする
 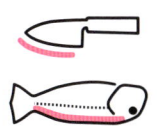

頭を右に、背を手前にして置き、頭の付け根の上から背ビレにそって、尾ビレの手前まで切り込みを入れる。

3
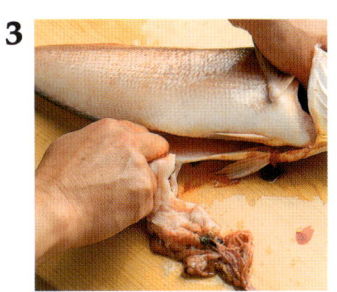 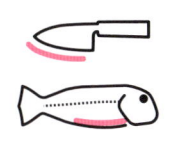

エラの下の付け根をはずしたら、包丁の刃を返して腹の中央を尾のほうへまっすぐに切り開き、エラと内臓を引き出す。

8
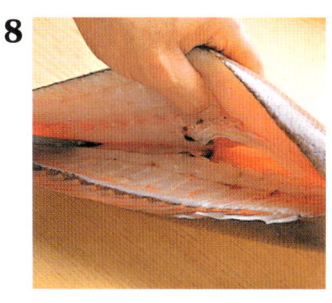 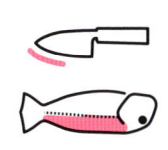

中骨に身を残さないようにして背骨に届くまで切っ先を使って切り開き、さらに腹骨の付け根を背骨から切り離す。

4
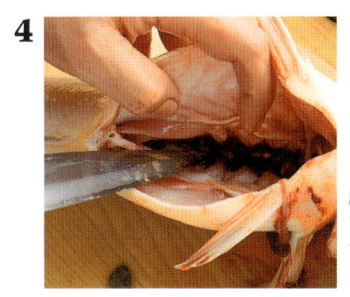 

腹を開きぎみにし、逆さ包丁にして差し入れ、背骨の下にある浮き袋の膜を下から上に向けてかき切る。

9
 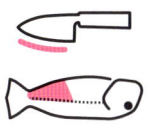

腹骨の付け根を切り離したら、包丁の切っ先を腹側へ突き出して、そのまま尾まで切り離す。

5
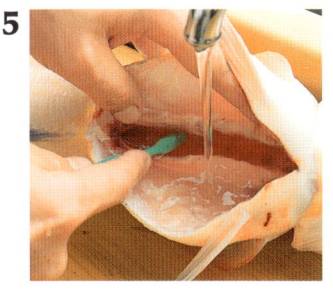 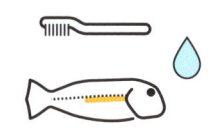

流水をあてながら、背骨の下の血ワタを歯ブラシでこすり、洗い落とす。歯ブラシはササラよりも身に傷をつけない。

10
 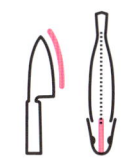

アマダイの頭を手前にして立て、頭の中心に包丁をあてて梨割りにする。右利き用の片刃は、刃が左へ流れるので注意しておろす。

11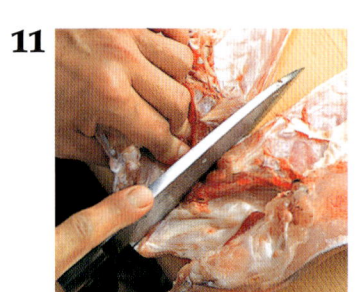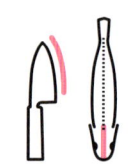

口元まで切り進んだところで頭を左右に手で押し開く。さらに下顎を切り離すと頭を付けた状態で二枚になる。

16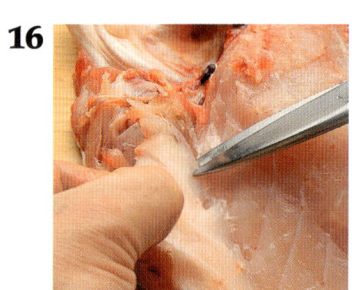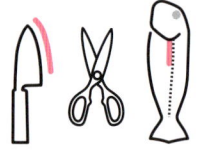

切り目から包丁で腹骨を切り取る。ただし途中で頭に一番近い腹骨に刃があたるので、ハサミで切ってから腹骨を切り取る。

12 中骨を取る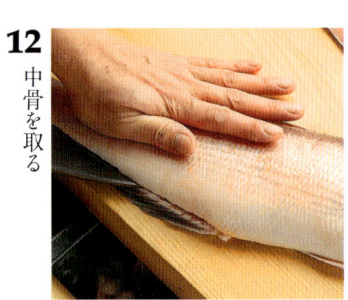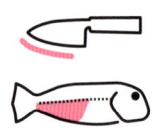

背骨と尻ビレの付いたほうの片身を皮を上に、腹を手前にして置き、尻ビレの上の付け根から切り目を入れて腹身をおろす。

17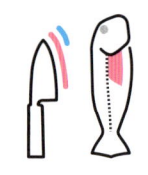

もう片方の身も同様にして腹骨を切り取る。なお、ハサミで切ったために身に残った骨は骨抜きで抜く。

13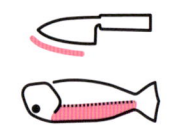

次に頭を左、背を手前に置く。背ビレの付け根から背身を切り進め、包丁を立てて中骨と背骨を頭の付け根で切り離す。

18 小骨を骨抜きで取る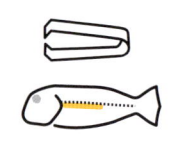

身の中心線にある小骨を骨抜きで抜く。左手の指を骨のすぐ脇に添え、できるだけ身くずれを防ぐようにする。

14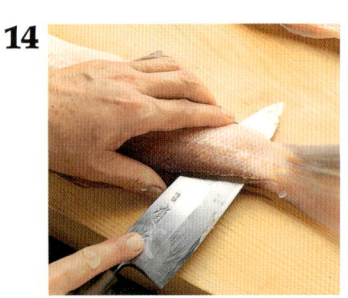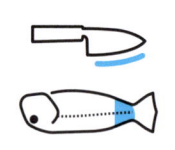

逆さ包丁を身と背骨の間にねかせて差し入れ、身と尾の部分を切り離し、中骨を取り除いて三枚にする。

19

背割りにして腹骨を切り取った状態のアマダイの片身。

15

中骨を切り取った片身を、皮を下にして置き、左手を腹骨の端に添え、腹骨の付け根にそって逆さ包丁で切り目を入れる。

ばら引きにして三枚おろし

20
塩をあてる

三枚におろしたアマダイは、皮を上にして背中合わせに置き、ふり塩をする。身の薄い腹部は手をあてがい、塩の量を少なくする。

21

次に身を上にして背中合わせに置き、ふり塩をする。こちらも皮目と同様、外向きになった腹側に手をあてて塩の量を加減する。

22

バットにペーパータオルを敷き、その上にアマダイを身を上にして並べ、ペーパータオルとラップ紙でおおい、冷蔵庫へ。

1
ウロコをばら引きに

表面の粘り気を洗い流し、うろこ引きを尾から頭に斜め手前に動かしながら、まず大きなウロコを取り除く。

2

出刃包丁の刃を立ててヒレの周りの小さなウロコを引く。背ビレ近くは切っ先を、腹ビレや尻ビレの周りは刃元を使う。

3

水洗いしてウロコを洗い流す。背の下に位置する側線にそったウロコ数枚が、うろこ引きや包丁だけでは取れずに残る。

4

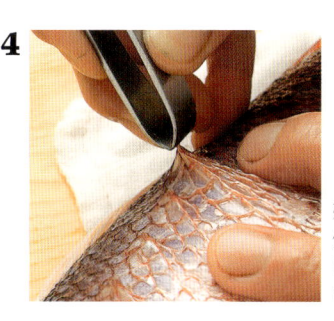

残ったウロコは、骨抜きを使い、皮を傷つけないように注意して一枚ずついねいに引き抜く。

5

目の下に位置する頬と口元のウロコは細かいので、包丁の切っ先をねかせて削るようにして引く。

6　カマ下で頭を落とす

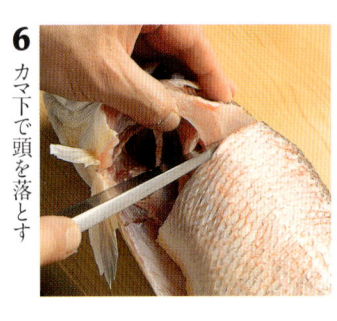
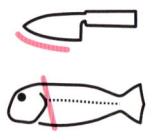

腹を開いて内臓を取り出し、水洗いして水気をふき取った後、頭にカマを付けて、斜めに刃先を入れ、たすき切りにする。

7

背骨まで切り目を入れたら、反対からも同様に切り込み、包丁を立てて背骨の関節を押し切るようにして、頭を切り落とす。

8　三枚におろす

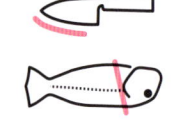

左手で腹を開きぎみにし、切っ先で上身と腹骨の付け根を引き切り、尾に向けて腹身を切り進む。

9

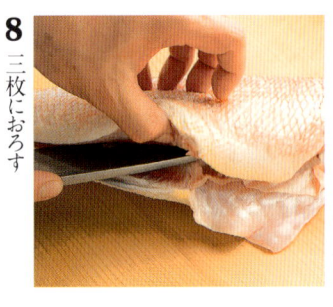

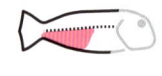

尾を持って反転させる。出刃包丁の刃を背ビレの上にそって動かし、刃先を大きく使って背身を切り進める。

10

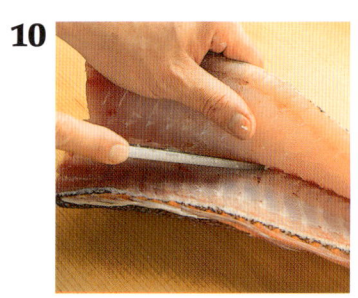
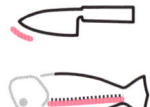

包丁を扱いやすいように、左手で上の身を持ち上げる。身を反らせすぎると、身割れしてしまうので注意する。

11

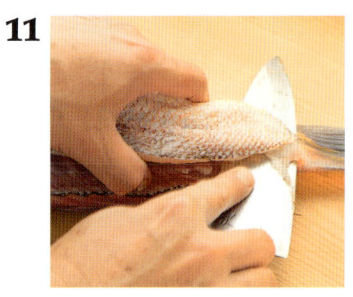
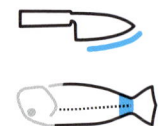

両面からおろした尾の付け根に逆さ包丁の刃をねかせて差し入れ、そのまま尾の先を切って片身をはずす。

12

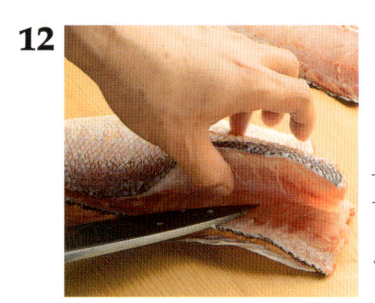

すでにおろした面を下にして置き、背ビレの上から切り目を入れ、さらに中骨にそって背骨にあたるまで切り進める。

13

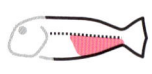

反対に返して尻ビレの上から切り目を入れ、中骨にそって背骨までていねいに切り進める。

14

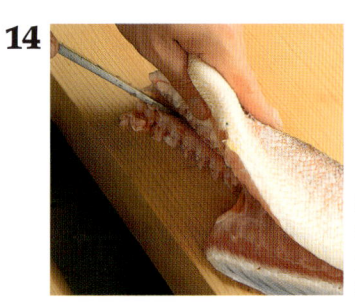

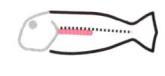

腹骨のところまで切り進んだら、包丁の刃を立てて腹骨と背骨との付け根を少し力を入れて切りはずす。

15

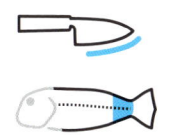

逆さ包丁にし、刃をねかせて尾の付け根に差し入れ、そのまま尾の先に向けて切り、もう一方の片身もはずす。

16
腹骨を取る

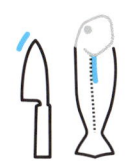

皮を下に、尾を手前になるように置き、左手を腹骨の下に軽く添え、逆さ包丁の刃先で切り込んで腹骨と小骨を切り離す。

17

尾を向こうへ反転させ、包丁の刃をねかせ、腹骨の切り目から薄くそぎ進め、端までいったら包丁を立てて腹皮を引き切る。

18

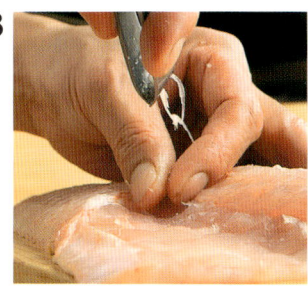

骨抜きを使って小骨を抜く。左手を骨のすぐ脇に添え、身がくずれないように注意する。

19
塩をふる

皮と身の両面に、塩をふる。身の薄い腹身の部分は、左手でおおって塩がかからないようにする。

すき引きにして三枚おろし

1 ウロコをすき引く

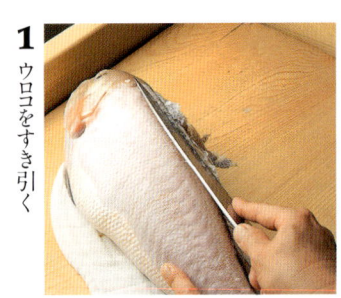

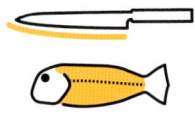

柳刃包丁をねかせたまま刃先を前後に大きく動かしてウロコと皮の間を切る。背ビレのきわは背を立たせるとすき引きしやすい。

2

腹の下のほうをすき引く時には、身を起こして腹を立てるようにすると作業しやすい。包丁だけできれいにウロコを引く。

3 上身を節に取る

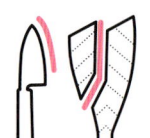

頭を落として三枚におろし、腹骨を取って上身にした後、背の稜線に平行に包丁を切り進め、背身と腹身に切り分ける。

4

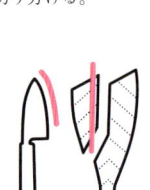

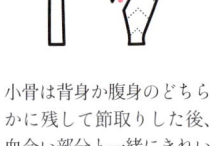

小骨は背身か腹身のどちらかに残して節取りした後、血合い部分と一緒にきれいに切り取る。

5 塩をふる

背身と腹身を皮目を上にして並べ、ふり塩をする。身の薄い部分には手をあてがって塩がかからないようにする。

6

塩をあてた皮目を下にしてバットに並べる。その時に身の薄い腹の部分は二つ折りにしておく。

7

並べ終わったら、上にした身のほうにもふり塩をする。二つ折りにした腹の部分にはここではほとんど塩をあてない。ペーパータオルとラップ紙でおおい、冷蔵庫に入れる。

頭をさばく

1
頭を梨割りにする

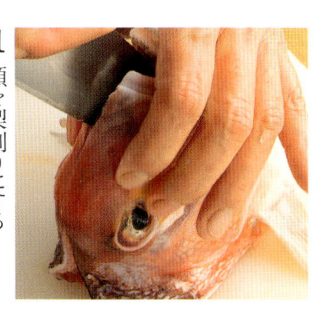
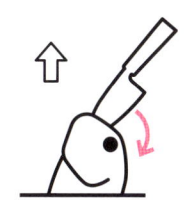

頭は口を上に、目を手前に向けて置き、左手で目の近くを押さえ、出刃包丁の切っ先を口に縦に差し込むように入れる。

2

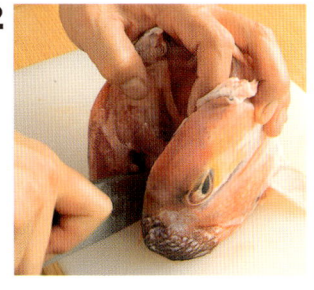

包丁の切っ先を支点にして、立てた包丁を下に押し下げて頭を割る。その時に包丁の刃が左に流れないように注意する。

3

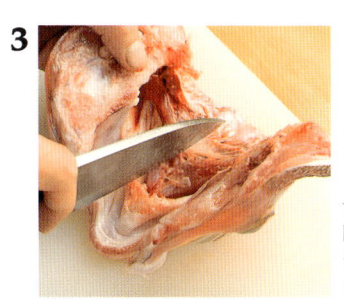

切り開いた頭を左右に押し開き、下顎（あご）の中央に包丁をあてて押し切り、頭を二つに割る。

4
頭の片身を切り分ける

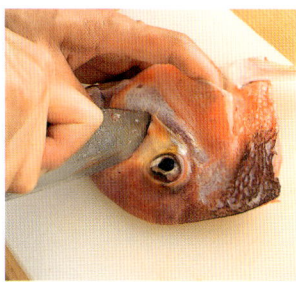

半割りにした頭の表を上にして置き、鼻筋と直角になるようにして目と鼻の間に切り目を入れる。

5

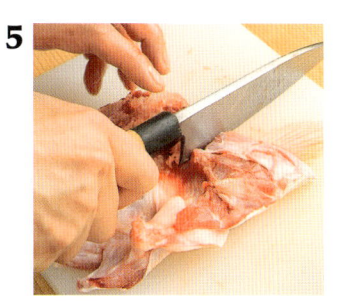
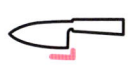

頭を裏返し、エラぶたの付け根のところに切り込みを入れ、目の部分と顎の部分に切り分ける。

6

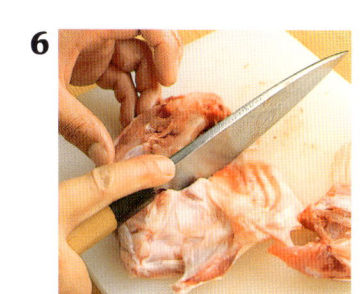
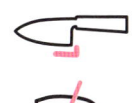

4の切り口の先端と交差するように目の下を切って目の部分を切り離す。

7

切り離した目の部分を表に返し、目の後ろに包丁をあてて二つに切り分ける。カマを付けない場合は切らなくてもよい。

8

身がほとんど付いていないエラぶたを刃元を使って切る。

9

切り分けたアマダイの頭。ここでは四つ割りにしたが、頭の大きさや用途により、五つ、もしくは六つに切り分ける。

鱸

担当／平井和光

［すずき］

sea-bass

bar/loup

spigola

鲈魚

◎エラぶたが薄くて鋭利なので、手を傷つけないように注意する。

◎三枚におろす場合、魚体が細長いので大きな出刃包丁で刃先を大きく使う。

◎片身を切り離す際に、尾から途中まで切り進め、後は手で中骨から引きはがすと、きれいに切り離すことができる。

◎筒切りにする場合、背ビレと尻ビレを引き抜いてから切り分ける。

平たい魚─すずき

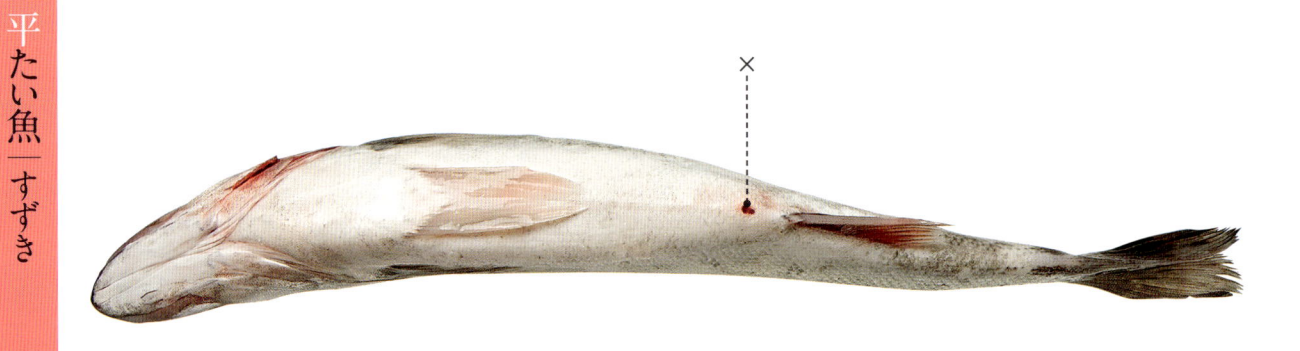

両面おろし

1
ウロコをばら引きにする

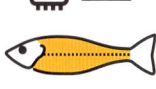

尾を右、腹を手前に置く。左手で頭を押さえ、うろこ引きを尾から頭に向けて動かし、まず大きなウロコを取り除く。

2

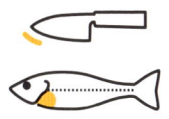

ヒレの周りの小さなウロコは、出刃包丁の切っ先を小きざみに動かして取り除く。ヒレを返してその下のウロコも同様に取り除く。

3

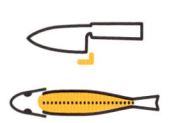

背ビレ近くは、左手で魚を起こし、柄尻近くを持ち、刃元を使うと作業しやすい。同じ要領で裏側のウロコも除き、洗い流す。

4
エラと内臓を取る

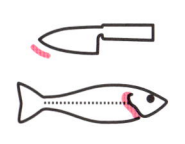

尾を左、腹を手前に置き、エラぶたをこじあけて左手でエラをつかみ、切っ先を差し込んで、エラの付け根と周囲の薄い膜を切る。

5

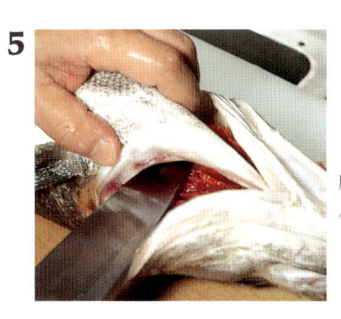
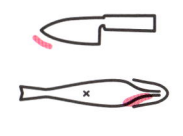

腹を上に向けて持ち換え、反対側からもエラぶたをこじあけて包丁の切っ先を差し入れ、エラの付け根と薄い膜を切りはずす。

6

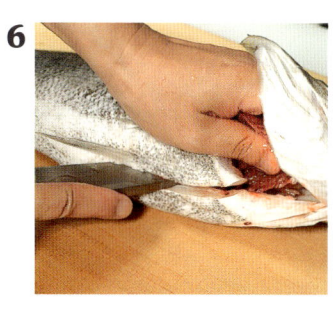
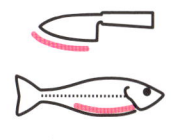

再び、尾を左、腹を手前に置き、頭の付け根から尾に向かって腹をまっすぐに肛門まで切り開く。

7

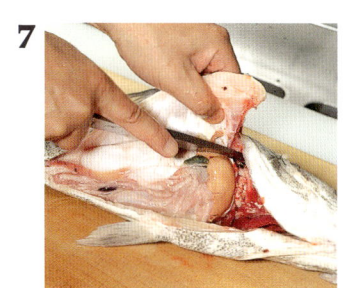
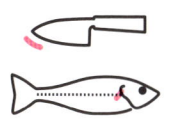

左手で腹を開きぎみにして、内臓を支えている筋を切り離す。スズキの筋はしっかりしているので、切ったほうが作業しやすい。

8

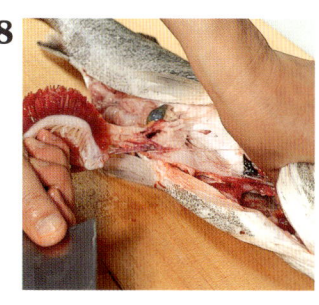

包丁の柄をしっかりと持ち、エラに引っかけるようにして力いっぱい引き、エラと内臓がつながった状態で一緒に取り出す。

9

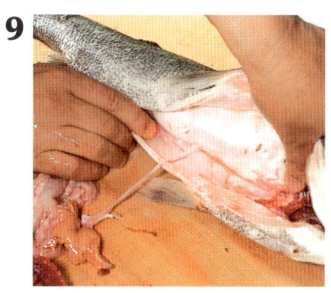

スズキの内臓は細長いので、途中からは手で取り出す。

10

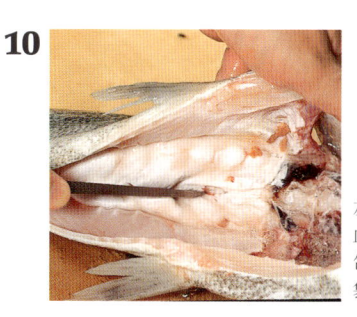
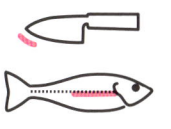

左手で腹を開き、浮き袋と血ワタをおおっている膜に包丁の切っ先を入れて浮き袋を取り出す。

11

水洗いする

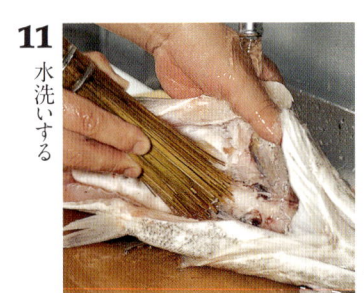

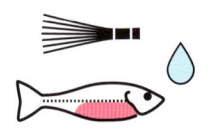

さらに、ササラを使って、血ワタや内臓の取り残しなどを洗い流す。

12

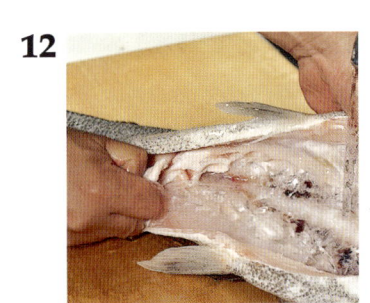

浮き袋をおおっている膜は硬く、しっかりとして取りにくいため、ササラで取れなければ、手できれいにむしり取って洗い流す。

13 頭を落とす

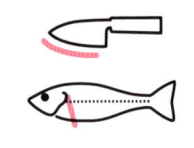

腹の中の水気をふき取った後、尾を右、腹を手前に置き、胸ビレと腹ビレの付け根から斜めに包丁の刃先をあて、垂直に切り入れる。

14

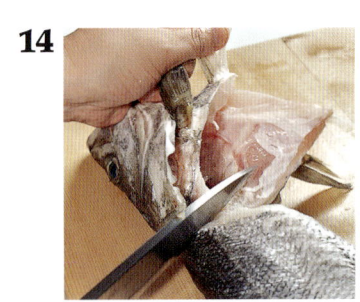

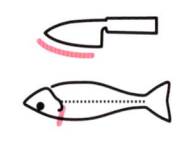

背が手前になるように裏返し、反対側からも同様に胸ビレと腹ビレの付け根から斜めに切り、頭をたすきに切り落とす。

15 三枚におろす

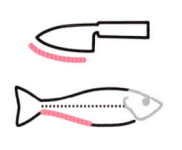

180度回転させて尾を左、腹を手前に置き換え、肛門から尾の付け根まで皮に切り目を入れる。

16

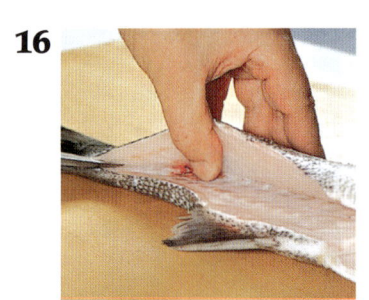

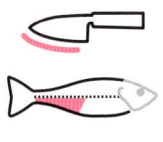

同じ部分をさらに切り進め、中骨の上を背骨にあたるまで刃先をすべらせるようにして切り開く。

17

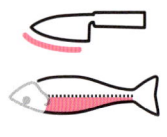

尾を右、背を手前に置き換え、背ビレにそって尾の付け根から肩口まで、中骨の上をすべらせるようにして背骨まで切り進める。

18

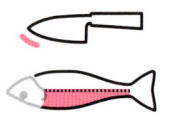

背骨まで切り進めたら、さらに身を背骨から切りはがすように切り込む。

19

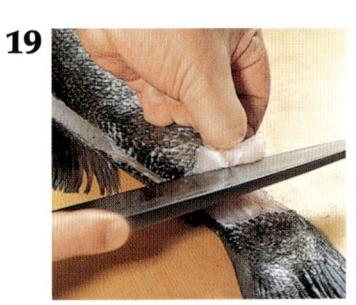

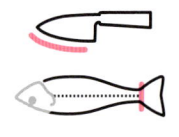

尾の付け根に切り込みを入れてその端を左手で持ち上げ、上側の身と背骨の間に包丁を右にねかせた状態で差し入れる。

20

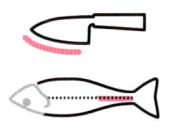

左手で持った尾の端を上に引き上げながら、ねかせた包丁を背骨の上をすべらせるように肛門近くまで切り進める。

21

尾の付け根を包丁の刃先で
しっかりと押さえ、片身の
端を持った左手を一気に左
上に引っ張り、片身を中骨
から引きはがす。

22

もう一方の片身も**15〜21**
と同じ要領で中骨から引き
はがし、三枚におろす。

23 腹骨を取る

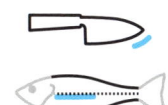

皮目を下にした下身を尾を
右、腹を手前に置き、左手
を尾の近くに添え、逆さ包
丁で腹骨の付け根を浅く切
りはずしていく。

24

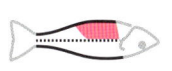

尾を左に置き、包丁を腹骨
の付け根から腹骨の流れに
そってそぎ切り、端まで
たら包丁を立てて腹皮を引
き切り、腹骨を切り取る。

25

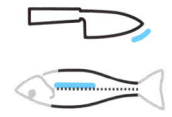

もう一方の片身は尾を右、
背を手前にして置き、逆さ
包丁で腹骨の付け根を浅く
切りはずしていく。

26

腹を手前に置き換え、包丁
を腹骨の付け根に右にねか
せて切り入れ、**24**と同様に
腹骨を切り取る。

27 さくに取る

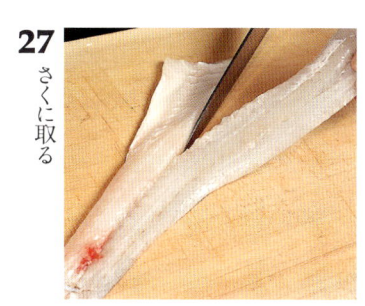
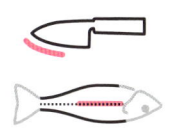

皮目を下にして片身を置き、
小骨を腹身に残すように何
回かに分けて切り進め、背
身と腹身に切り分ける。

28

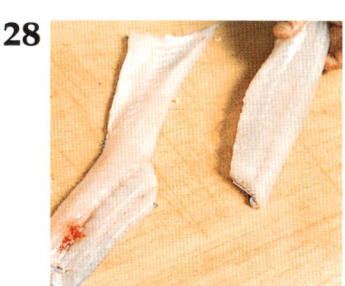

スズキの身は細長いので、
造りにできる背身の厚みの
ところで、身が薄くなる背
身の部分を腹身に付けて切
り離し、さくに取る。

29

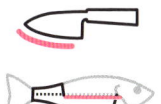

腹身を皮目を下にして置
き、包丁を立てて小骨の脇
を切って、小骨を切り離
す。もう一方の片身も同様
にして、さくに取る。

筒切りのおろし方

1 ウロコをばら引きにする

うろこ引きで大きなウロコをばら引きにした後、小さなウロコを出刃包丁で取り除く（35頁**1**〜**3**参照）。

2 背ビレと尻ビレを取る

 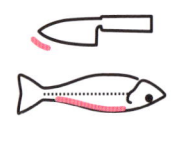

尾を左、背を手前に置き、包丁を右にねかせ、背ビレにそって中骨の上に浅く切り目を入れる。

3

 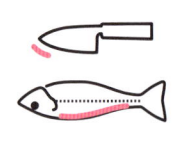

尾を右に置き換え、反対側からも同様に、背ビレにそって浅く切り目を入れる。

4

 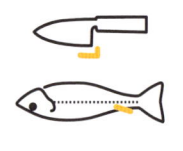

左手で尾の付け根を押さえ、尾に近いほうの背ビレの端を包丁の刃で押さえながら身を横に引き、身から徐々に背ビレを引き抜く。

5

 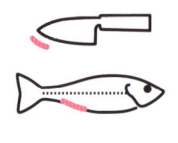

尻ビレの上にそって、背ビレと同様に浅く切り目を入れる。

6

 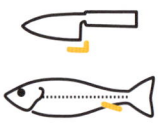

背ビレと同様にして（写真**2**・**3**）尻ビレの両側に切り目を入れた後、尻ビレを包丁の刃で押さえながら身を引っ張って尻ビレを引き抜く。

7 エラを取る

 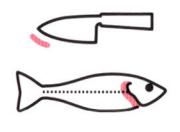

尾を左、腹を手前に置き、エラぶたをあけて左手でエラを持ち上げ、包丁の切っ先を両側から差し込んでエラの付け根を切り離す。

8

エラぶたを開いてエラを取り出す。エラぶたの縁は薄くて鋭利なので、手を傷つけないように気をつける。

9 頭を落とす

 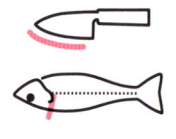

尾を右、背を手前に置き、左手で頭を押さえ、頭の付け根にある背骨の関節に包丁の刃を切り入れて、背骨を切り離す。

10

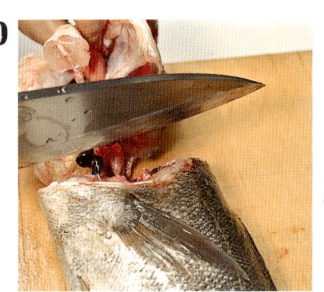 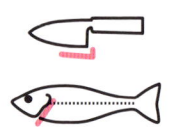

腹が手前になるように置き換え、顎の付け根も切り離して、カマを身のほうに残した状態で頭を切り落とす。

11
内臓を取り出す

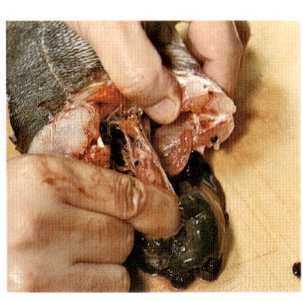

頭の切り口から腹腔に手を差し入れて内臓を引き抜く。

12

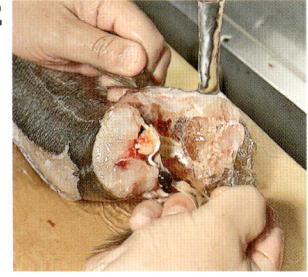

流水の下で切り口を開き、竹串を差し入れて血ワタや内臓の取り残しなどをきれいに洗い流す。

13

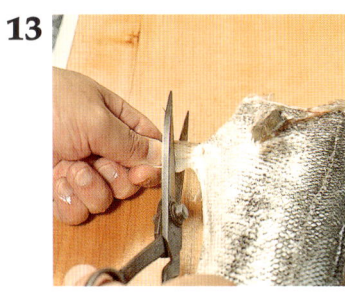

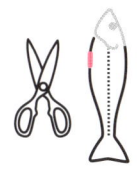

ハサミで腹ビレを短く切り揃える。

14
筒切りにする

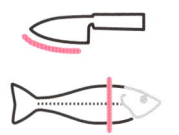

頭の付け根から3cmほどの幅を持たせて、順に筒切りにする。尾に近くなるにつれ、少し厚めにする。

鮎魚女

担当／津田 慎

［あいなめ］

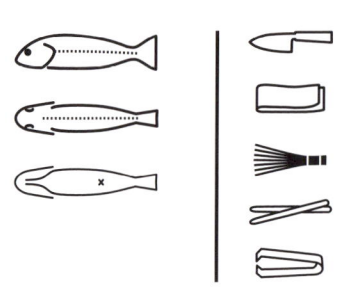

greenling/ling-cod

六銭魚

◎アイナメは鮮度の落ちやすい魚なので、刺身には、鮮度のよいものを使う。

◎ウロコが非常に細かく、しかも魚体の表面にはかなりぬめりがあるので、まず、出刃包丁でばら引きにしてウロコを取り除く。

◎頭はカマ下でたすきに落とし、潮汁などに利用する。

◎肩口に近い部分に小骨があるので、骨抜きでたんねんに抜いておく。

平たい魚｜あいなめ

片面おろし

1
ウロコをばら引きにする

左手で頭を押さえ、尾から頭のほうへ、ウロコの向きと逆向きに、出刃包丁の刃先でしごくようにして、ウロコを引く。

2

ヒレのきわやエラぶたの周りなどは取りにくいので、魚を押さえる手の位置と包丁とを細かく動かしながら、たんねんにかく。

3
エラと内臓を取り出す

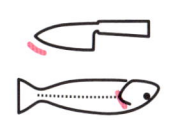

左手でエラぶたを持って広げ、包丁の刃先をエラの中に差し込み、エラの付け根を切る。

4

反対側のエラぶたの付け根も、同様にして切る。

5

左手でエラの部分を押さえ、顎の下から腹に向かって包丁を入れ、そのまま肛門まで腹を切り開く。

6

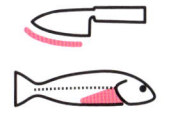

左手で腹身を持って開き、背骨とエラの付け根に切っ先を差し込み、エラをひっかけるようにしてかき出す。

7

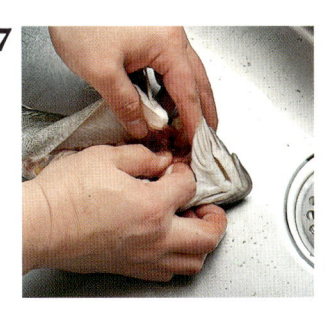

左手で腹を開き、右手でエラをつかんで引っ張る。

8

そのまま引っ張ると、エラと内臓を一緒に取り出せる。

9

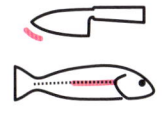

包丁の切っ先で背骨の裏側をかき、血ワタをこそげ取る。

10
水洗いする

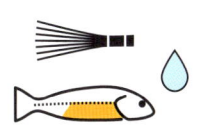

流水にさらしながら、ササラを使って、腹の中をきれいに洗う。

41

11

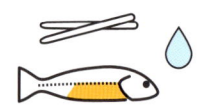

背骨に食い込んでいる血や汚れは、菜箸などを使ってたんねんに洗い落とす。

16

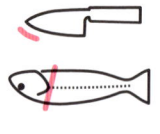

そのまま背骨の関節のつなぎ目に切り入れて、カマ下からたすきに頭を切り落とす。

12

まな板にのせて魚体全体の水気をふきんでふき、腹の中の水気もていねいにふき取る。

17

三枚におろす

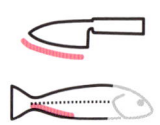

尾を左、腹を手前に置く。包丁を右にねかせて刃先を腹に切り入れ、肛門から尾の付け根に向かって切り目を入れる。

13

頭を落とす

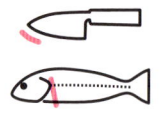

頭を左、腹を手前に置く。左手で胸ビレと腹ビレをつまみ、胸ビレの付け根から、腹ビレを結ぶ線にそって包丁を入れる。

18

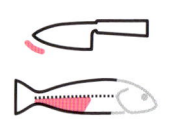

切り目に包丁を入れ直して、中骨の上をすべらせるようにしながら、背骨に届くまで切り込む。

14

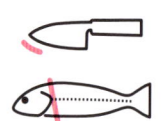

そのまま背骨まで切り入れる。

19

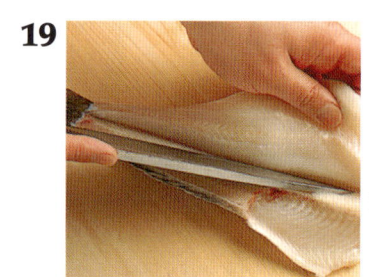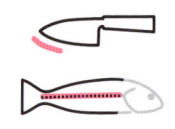

左手で切り離した腹身をめくり上げながら、背骨の上にそってさらに深く切り入れる。

15

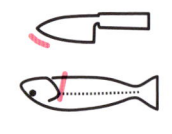

魚体を裏返して、同様に包丁を胸ビレの付け根に入れる。

20

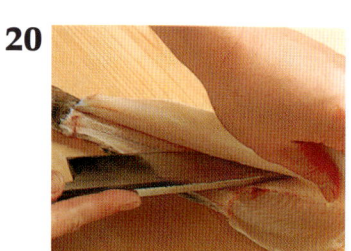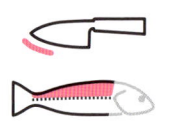

肩口から背の側まで切り離し、左手で切り離した身を引っ張るようにめくりながら、片身を切り取る。

21

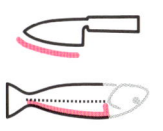

尾を左、背を手前に置く。
包丁を右にねかせて、刃先
を肩口の背骨に届くまで切
り入れ、尾の付け根まで切
り目を入れる。

26 腹骨を取る

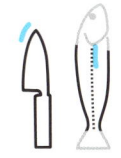

皮目を下、尾を手前に置
く。腹骨の付け根に逆さ包
丁の切っ先を立てて、切り
目を入れる。

22

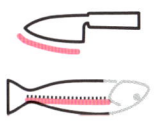

切り目に包丁を入れ直し、
中骨の上をすべらせるよう
にしながら、尾の付け根ま
で切り進める。

27

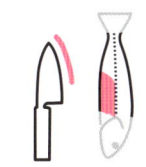

腹を左、頭を下に置き換え
る。包丁を右にねかせて、
腹骨をそぎ切りにする。

23

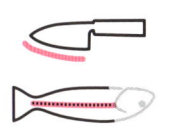

左手で切り離した背身をめ
くり上げながら、背骨の上
にそって切り進める。

28

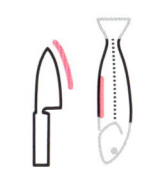

端までいったら包丁を立て
て腹皮を引いて切り、腹骨
を取る。もう一方の片身
も、同様にして腹骨を取る。

24

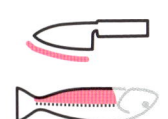

背骨にそわせて包丁を進め
ながら、腹側の中骨の上も
すべらせるようにして、さ
らに深く切り入れていく。

29 小骨を抜く

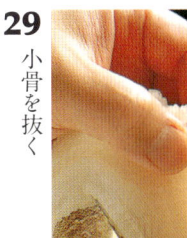
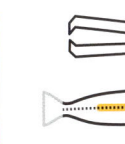

上身の肩口の背身と腹身の
間にある小骨を、骨抜きを
使って抜く。抜きにくい骨
なので、身を割らないよう
に注意する。

25

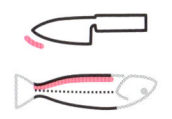

もう一度包丁を入れ直し、
左手で切り離した身を引っ
張るようにめくりながら、
もう一方の片身を切り取
る。

鯖

担当／遠藤十士夫

[さば]

🇬🇧 **mackerel**

🇫🇷 **maquereau**

🇮🇹 **sgombro/lacerto**

🇨🇳 青花魚/鯖魚

◎三枚おろしに適した代表的な魚だが、身が意外と柔らかいので、包丁を途中で止めずに、一気におろすようにすると、仕上がりがきれいになる。
◎背骨に付着している血ワタは生臭みの原因になるので、たんねんに水洗いする。
◎三枚おろしや筒切りの場合はカマ下、塩焼きの場合はカマ上から頭を落とす。

平たい魚｜さば

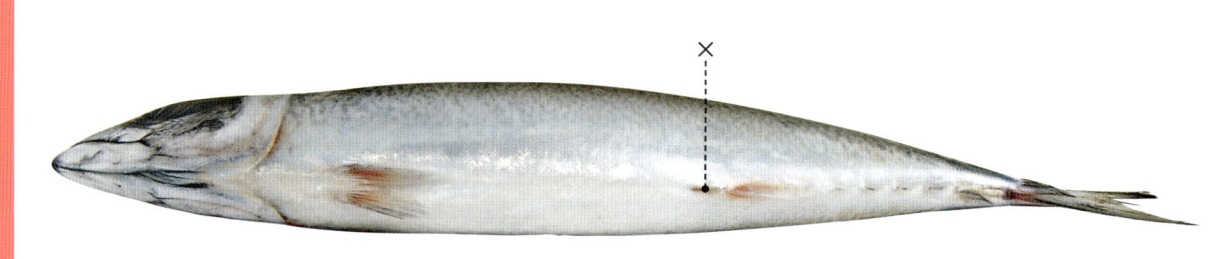

両面おろし

1
カマ下で頭を落とす

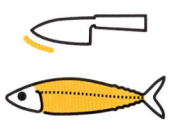

ウロコは出刃包丁で、尾から頭に向けてこそげ取っておく。頭を左、腹を手前に置き、カマ下に垂直に包丁を入れる。

2

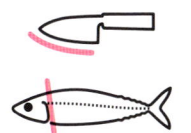

そのまま、まっすぐに頭を切り落とす。

3
内臓を取り出す

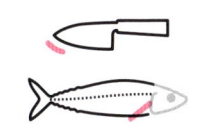

尾を左に置き換える。頭の付け根から腹の下側の部分（砂ずり）に斜めに包丁を入れて、腹ビレを切り落とす。

4

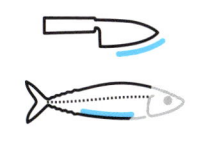

包丁を左にねかせ、逆さ包丁で肛門から刃先を入れ、頭側に向かってまっすぐに腹を切り開く。

5

腹を開いたところ。内臓と一緒に白子が入っている場合は、白子だけ先に、手で取り出しておく。

6

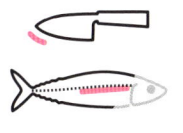

左手で腹身をめくり上げ、白子と内臓を取ってから、包丁の切っ先で背骨の裏側の血ワタをかく。

7
水洗いする

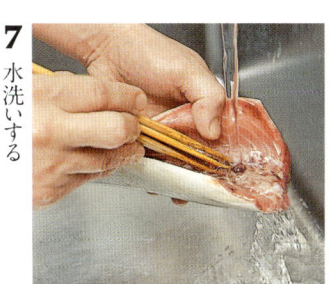

流水にさらしながら、菜箸で腹の内側をきれいに洗う。特に背骨の部分には血ワタが付着しているので、指先でたんねんに洗う。

8

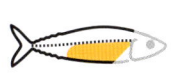

洗った後は、身の表側、腹の内側とも、ふきんで水気をきれいにふき取っておく。

9
三枚におろす

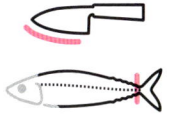

尾を右、背を手前に置き、尾の付け根に、背骨に届くまで切り目を入れる。

10

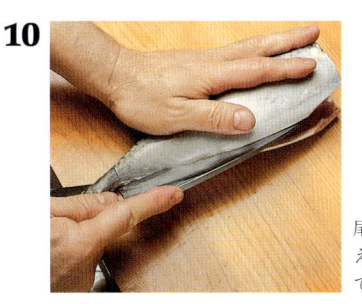
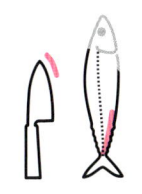

尾を手前、腹を右に置き換える。包丁を右にねかせて、刃先を腹に切り入れる。

11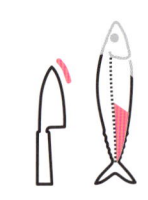

そのまま中骨の上をすべらせるように包丁を背骨に届くまで進め、尾の付け根まで切る。

16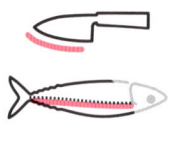

刃先が背骨に届くまで切り入れ、中骨の上をすべらせるように尾に向かって切り進める。

12

尾を右、背を手前に置き、尾の付け根につけた切り目から刃先を背骨まで切り入れ、中骨の上をすべらせるように切り進める。

17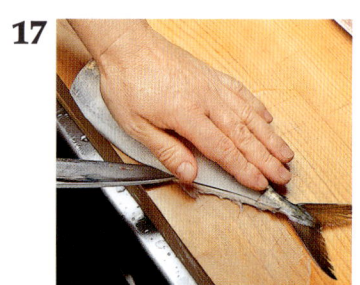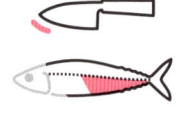

腹を手前、尾を右に置き換え、尻ビレのすぐ上から刃先が背骨に届くまで切り入れ、中骨の上をすべらせるように頭へ切り進める。

13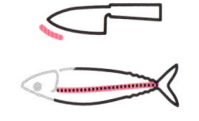

包丁を右にねかせて、尾の付け根に刃先を入れ直す。

18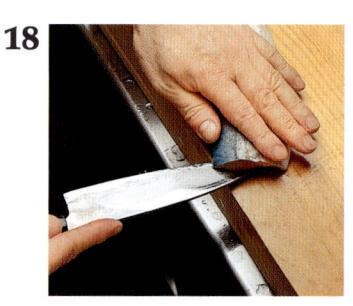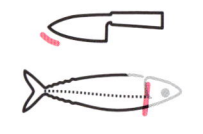

尾を左、背を手前に置き換える。包丁を右にねかせて、頭の付け根の切り目に入れ直し、刃先を背骨の向こうに突き出す。

14

左手で尾を押さえ、包丁の切刃が背骨の上をすべるようにしながら、片身を背骨から切り離す。

19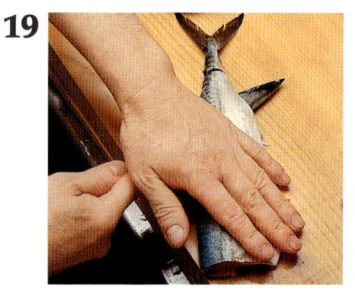

左手で軽く身を押さえ、包丁の切刃が背骨の上をすべるようにしながら、尾に向かって切り進める。

15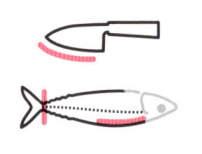

魚を裏返して尾を左、背を手前に置き、尾の付け根に**9**と同様に切り目を入れてから、頭の付け根から背に包丁を入れる。

20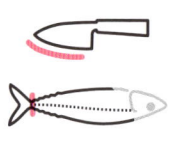

尾から切り離して、もう一方の片身を切り取る。

筒切りのおろし方

21 腹骨を取る

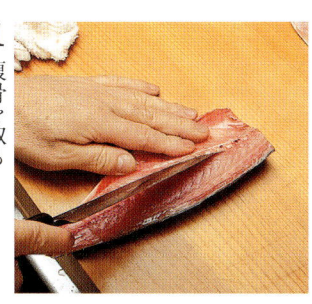

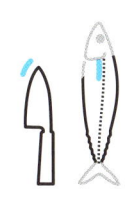

皮目を下、尾を手前に置く。逆さ包丁で切っ先を立てて、腹骨の付け根を切り離す。

1 頭を落とす

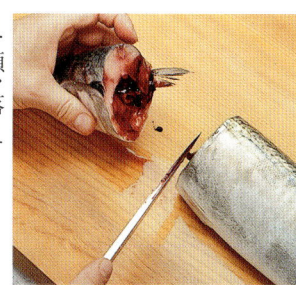

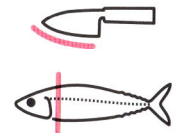

ウロコは出刃包丁で、尾から頭に向けてこそげ取っておく。頭を左、腹を手前に置き、カマ下に垂直に包丁を入れる。

22

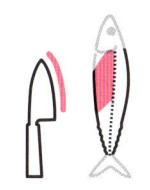

包丁を右にねかせ、刃先を腹骨の付け根に切り入れて、腹骨をそぎ切り、端までいったら包丁を立てて皮を引き切る。

2

右手の指で内臓を引っ張り出す。白子や卵が入っている場合は、そのまま腹の中に残しておく。腹の中をていねいに洗う。

23

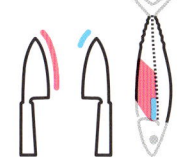

もう一方の片身も同様に、尾を手前に置いて腹骨の付け根を切り、身を回転させて頭手前に置き直してから、腹骨をそぎ切る。

3 筒切りにする

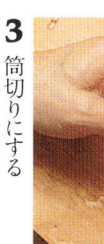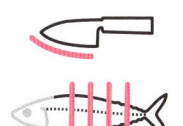

白子や卵が腹の中でずれたりしないように、2.5〜3cmくらいの幅で、頭のほうから順に筒切りにしていく。

24 小骨を抜く

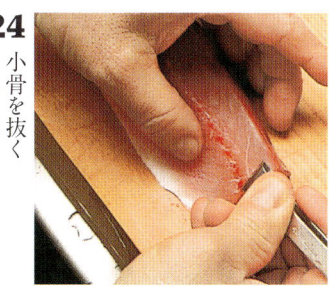

頭側を右に置き、右から順に小骨を抜いていく。骨抜きは、まな板に対して30度くらいの角度で使う。

4

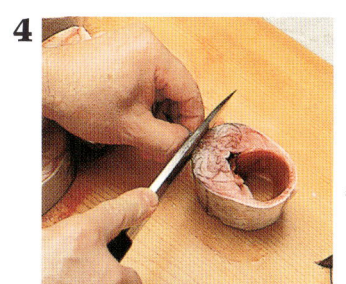

背ビレを左手でつまみ、背ビレの付け根に垂直に刃先をあて、そのまま一気に切り落とす。

雉羽太

担当／山本正明

[きじはた]

grouper

merou/perche de mer/serran

cernia

石斑魚

◎ウロコは皮の色を生かすばら引きにしてもよいし、すき引きでもよい。

◎腹骨が太く、ねじれた形で身に入り込んでいるので抜きづらい。途中で切断して骨抜きで引き抜く。

平たい魚｜きじはた

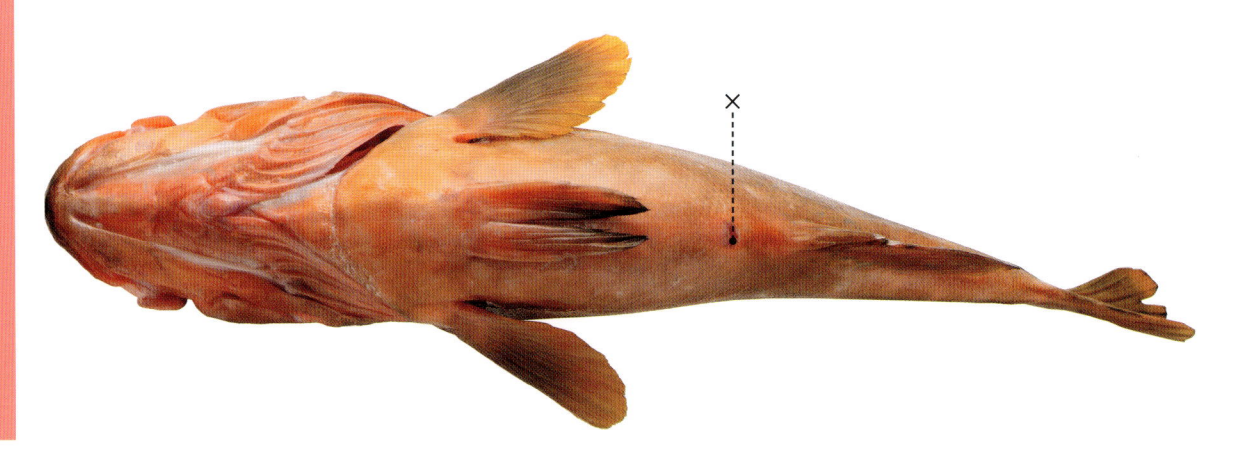

両面おろし

1

ウロコを引く

ウロコをうろこ引きでばら引きにする。すき引きにしてもよい。

2

頭、内臓を除く

のど下を切り、ここから腹を縦に肛門まで切り開く。

3

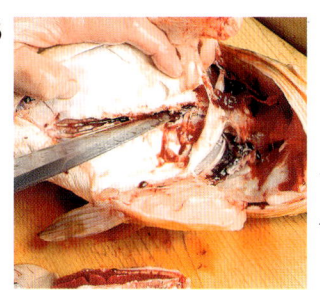
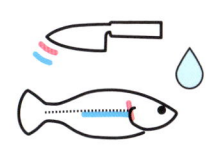

エラの付け根を切り、エラごと内臓を引きはがす。背骨の付け根に逆さ包丁で切り目を入れて、血ワタを洗い流す。

4

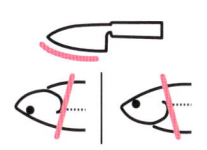

頭を左、背を手前にまな板に置き、斜めに頭を切る。腹を手前に置き直して裏側も同様に切り、頭を切り落とす。

5

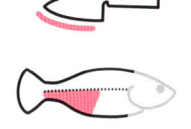

頭を右、腹を手前に置き直し、腹身を中骨から切りはずす。

6

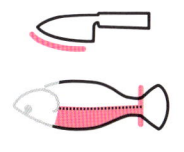

尾の付け根に縦に切り目を入れる。尾を右、背を手前に置き直し、背身を中骨から切り離すと片身がはずれる。

7

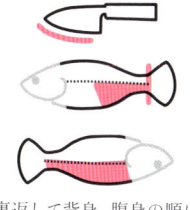

裏返して背身、腹身の順に包丁を入れ、もう片方の身もはずす。

8

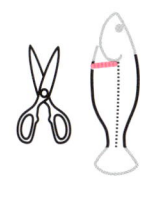

太い腹骨をはさみで切断する。

9

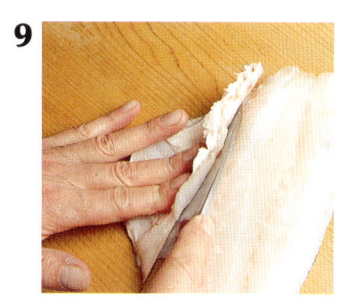
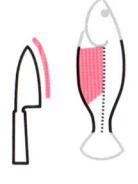

残りの腹骨の付け根に包丁を入れてすくうようにして身から切りはずす。

10

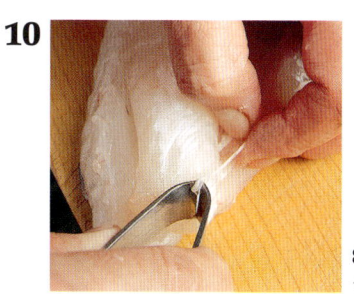
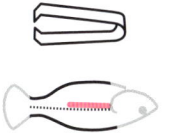

8で身の中に切り残した腹骨を、骨抜きで引き抜く。

鯉

担当／野﨑洋光

［こい］

🇬🇧 **carp**

🇫🇷 **carpe**

🇮🇹 **carpa**

🇨🇳 鯉魚

◎すべらないようにタオルを敷いたまな板の上で作業をする。

◎コイは武士社会で尊ばれたが、当時の習慣で腹を開くのを嫌い、背開きにする。

◎内臓をはずす際に苦玉をつぶさないように気を付ける。

◎片身をおろしてから腹骨をそぎ取るのではなく、中骨と腹骨を同時にはずす。

平たい魚｜こい

背開き

1
頭、内臓を除く

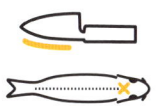

活けのコイの頭の付け根を包丁の峰で叩いて、おとなしくさせる。皮は使わないのでウロコは引かない。

2

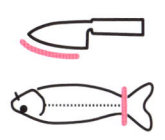

頭を左、背を手前にまな板に置き、尾の付け根に切り目を入れる。

3

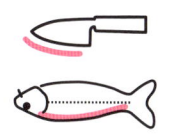

切り目から背身を切り開いていく。

4

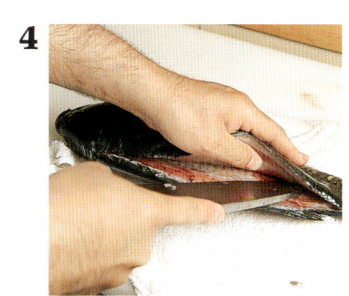
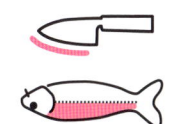

背骨の奥まで包丁を差し込む。

5

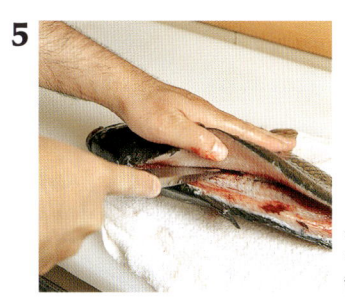
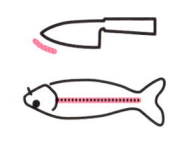

身をめくるように持ち上げながら包丁を左に動かし、背骨から身を切り離す。

6

腹ビレの付け根から頭にたすきに包丁を入れる。

7

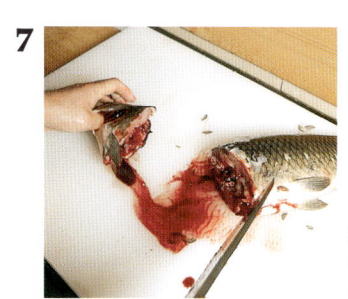
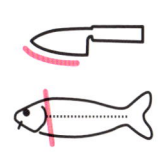

腹を手前に置き直し、同様にたすきに包丁を入れ、頭を切りはずす。

8

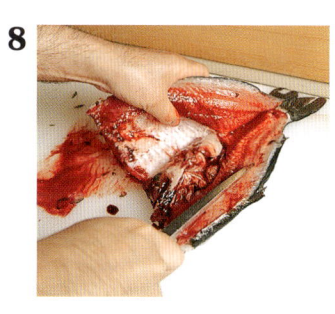
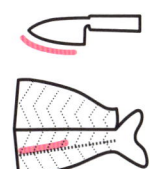

身を開き、内臓の付け根を切る。

9

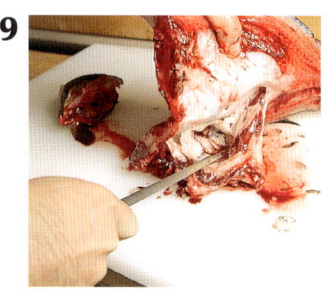

身を裏返し、内臓の端を包丁でまな板に押さえつけ、左手で身を引きはずす。

10

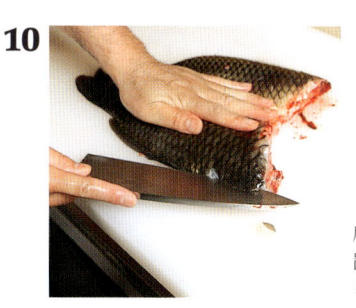
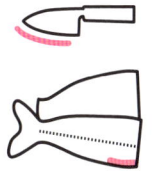

尾を左、皮を表にまな板に置き、肩口に包丁を入れる。

11

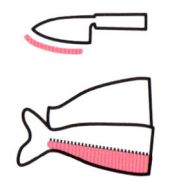

背ビレにそって切り進め、背身をはずす。

12

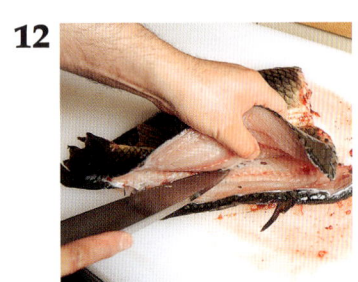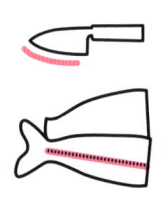

背身をめくり上げ、背骨の上を切り進める。

13

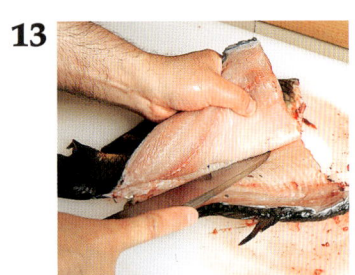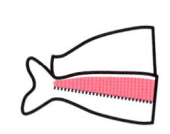

さらに身をめくり上げ、腹骨のカーブにそうように切り進める。身はまだはずさない。

14

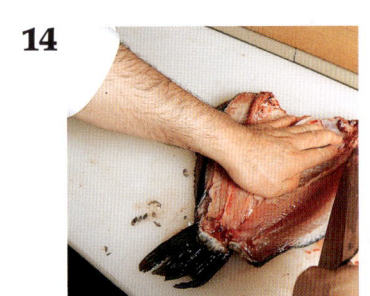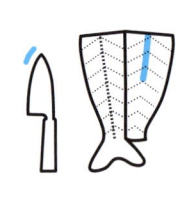

尾を手前、皮を下にしてまな板に縦に置き、腹骨の付け根を逆さ包丁で切る。

15

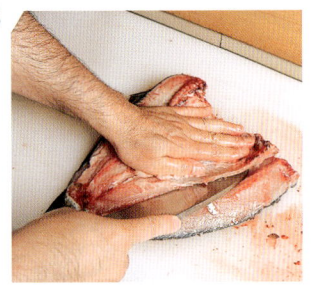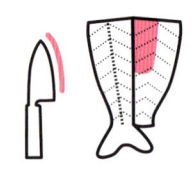

この切り目から包丁を入れ、腹骨のカーブにそうように切り開いていく。

16

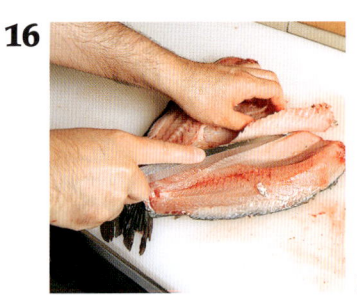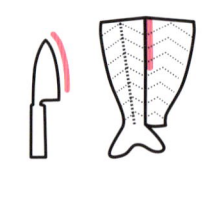

腹骨を完全にはずす。

17

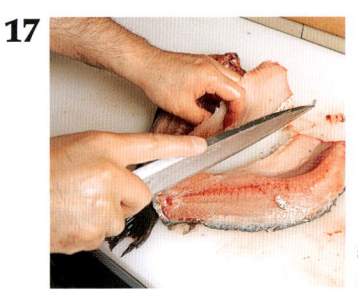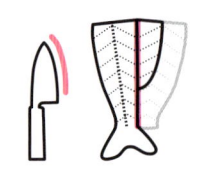

縦に皮を切断すると、片身がはずれる。

18

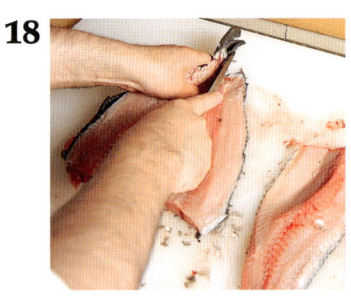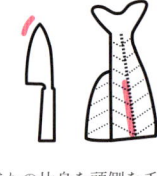

残りの片身を頭側を手前に置き直し、中骨についた腹骨を左にめくるようにして開く。

19

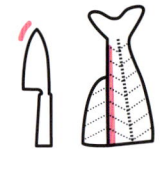

縦に包丁を入れて皮を切断し、もう一方の片身をはずす。

20

はずれた身と中骨。中骨には腹骨がついた状態になっている。

皮を引き切り身にする

1

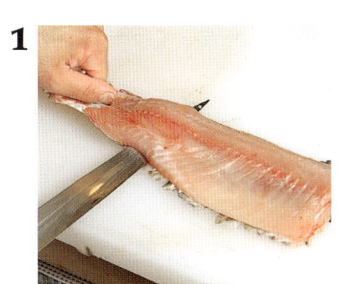
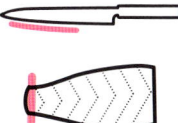

片身をまな板に置き、尾の
付け根の皮と身の間に柳刃
包丁の刃を差し込む。

2

尾を左手で引っ張り、皮を
切りはずす。

3

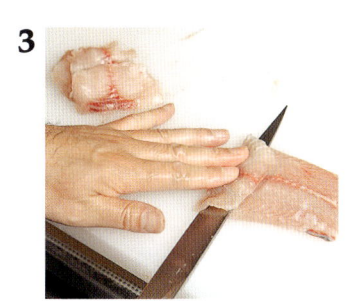

洗いにする場合、はずした
片身の頭側を左に向けて置
き、小骨を断ち切るように
してへぎ切っていく。

吉次

[きちじ]

担当／野﨑洋光

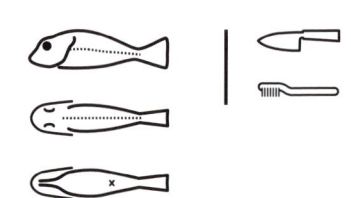

🇬🇧 **thornhead**

🇨🇳 大翅鮶鮋/金吉魚

◎三枚におろしてももちろんよいが、ここでは、ひと塩をあてて焼きものにする際に向いている、一枚開きの方法を紹介する。

◎魚体の向きを変えずに腹身、背身の順に中骨から切りはずす。

◎皮まで切り込んでしまって片身を完全に切りはずさないように注意する。

平たい魚｜きちじ

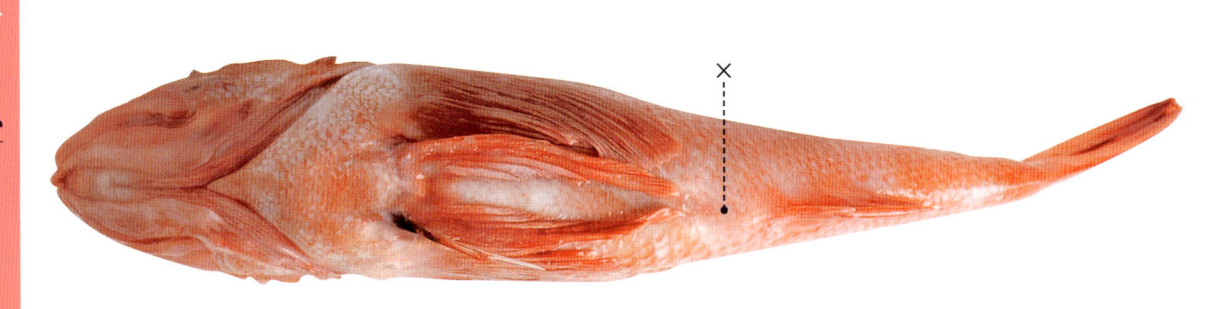

54

一枚開き

1 頭、内臓を除く

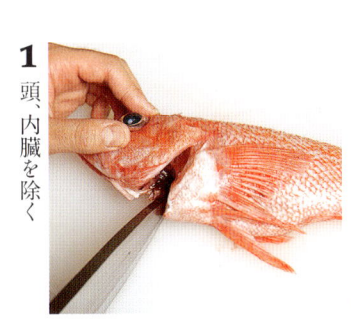
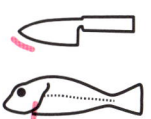

頭を左に、腹を手前に置き、のど下に向けて斜めに切り込む。

2

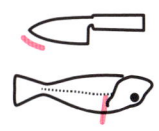

頭を右に、背を手前に置き直し、頭の付け根に向けて斜めに切り込む。

3

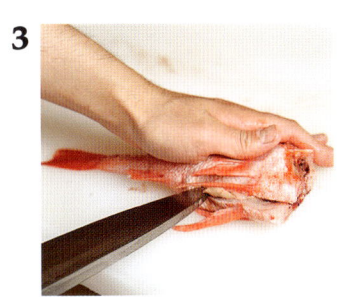

尾を左に、腹を手前に置き直し、肛門まで腹を切り開く。

4

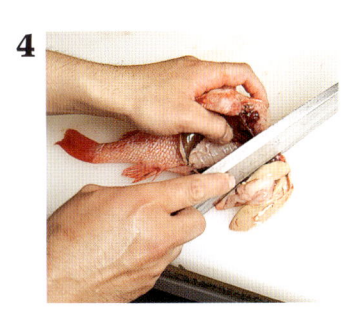

内臓を取り出す。

5

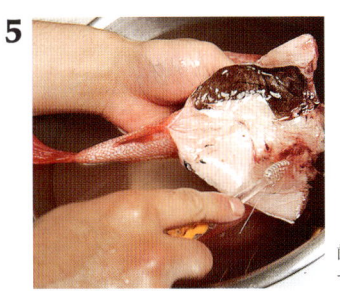
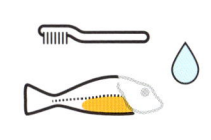

歯ブラシで血ワタを洗い落とす。ササラを使ってもよい。

6 一枚に開く

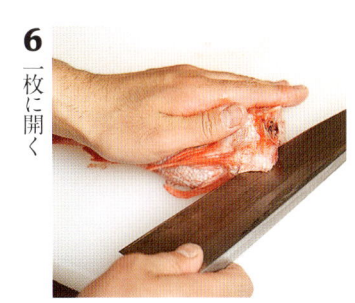

尾を左に、腹を手前に置き、腹ビレの上に包丁の刃を差し込む。

7

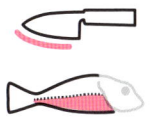

尾の付け根まで切り進め、腹身をはずす。

8

頭側の背骨の付け根に包丁を入れ、背骨の上をすべらせるように包丁を切り進める。

9

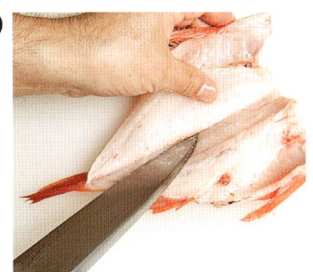
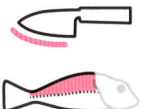

背骨を越えて奥まで包丁を差し込み、背身を中骨から切りはずす。この時、包丁の先で皮まで切らないように気をつける。

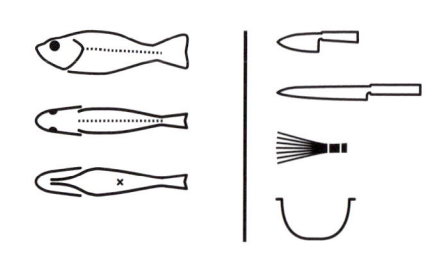

喉黒

担当｜野崎洋光

[のどぐろ]

blackthroat seaperch/rosy seabass

赤鯥/紅喉/紅臭魚

◎ウロコは固くないが、身が柔らかいのでうろこ引きでかくと傷ついてしまう。そのためよく切れる柳刃包丁ですき引きにする。

◎ヒレがするどいので手を切らないように気をつける。

◎血ワタを洗う場合、塩水を用いると生臭さを除くことができる。ここではササラを用いたが、歯ブラシを用いてもよい。

平たい魚｜のどぐろ

両面おろし

1
ウロコを引く

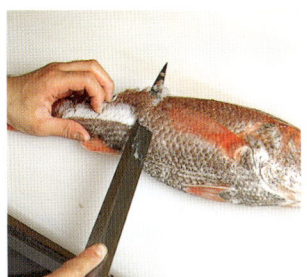

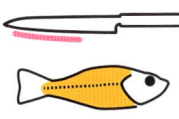

頭を右に置き、尾から柳刃包丁で下から上へ浮かせるようにウロコを切りはずしていく。

6

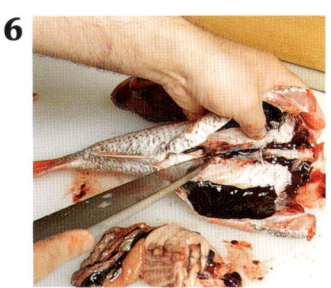

内臓を取り出し、背骨の両脇の膜に二本切り目を入れる。

2

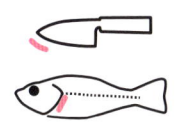

頭を左、腹を手前に置き直し、胸ビレを切りはずす。

7

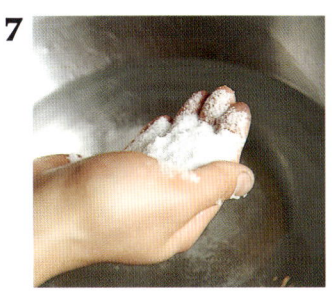

ボウルに水を入れてひと握りの塩を加える。塩水で洗うことで生臭さを除く。

3
頭、内臓を除く

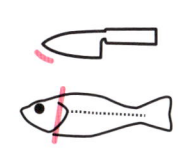

のど下から胸ビレの付け根に向けて頭に切り目を入れる。

8

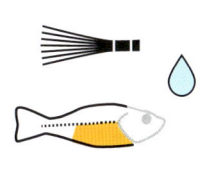

ササラを握って扇のように平らにつぶし、腹の中を洗う。

4

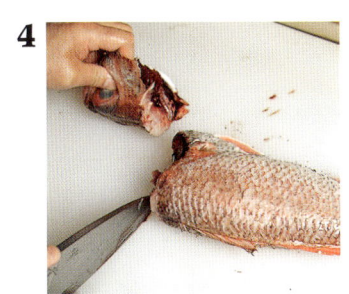

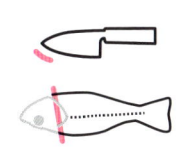

背を手前に置き直し、背骨を切断して頭を切り落とす。

9
片身をはずす

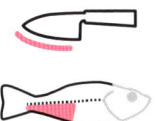

尾を左、腹を手前に置き、腹身をはずす。

5

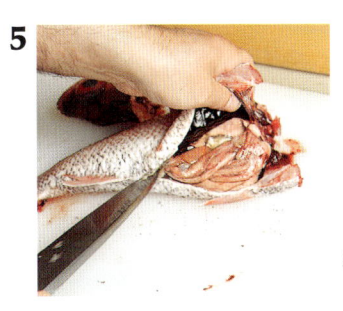

尾を左、腹を手前に置き直し、腹を切り開く。

10

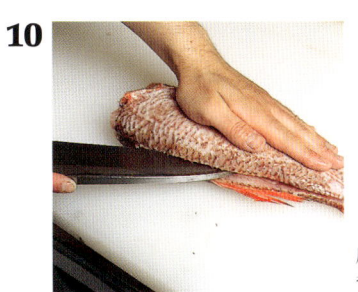

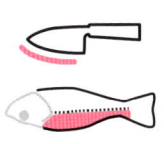

尾を右、背を手前に置き、背身をはずす。

11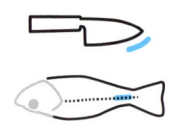

逆さ包丁に持ち変えて尾の付け根に差し込む。

16

尾を右に腹を手前に置き、腹身をおろす。

12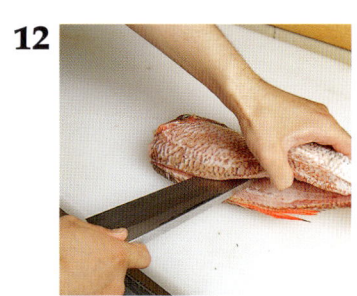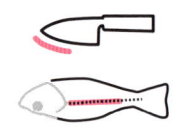

包丁を順手に持ち変えて、背骨の上をすべらせるようにして身をはずす。

17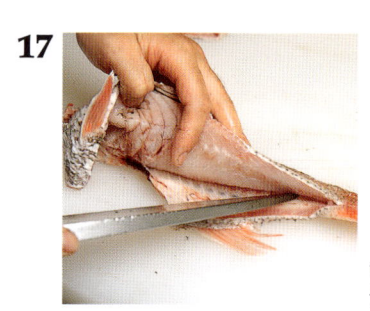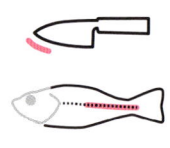

背骨の上を切り進め、身を骨からはずす。

13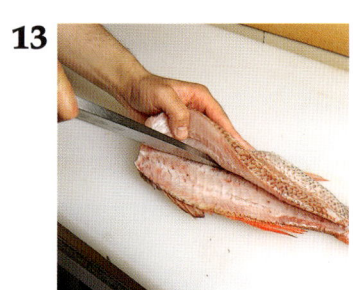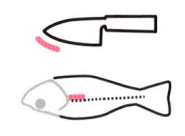

背骨と腹骨の接合部は硬いので、包丁を少し斜めに持ち上げて力を入れて切断する。

18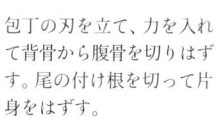

包丁の刃を立て、力を入れて背骨から腹骨を切りはずす。尾の付け根を切って片身をはずす。

14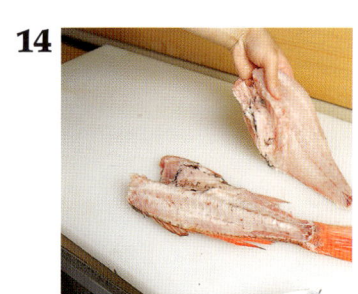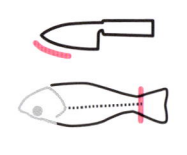

尾の付け根を切り、片身をはずす。

19 腹骨をかく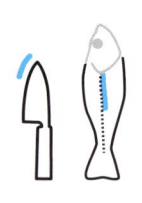

尾を手前に腹を右にまな板に置き、逆さ包丁で骨の付け根を切る。

15 もう一方の片身をはずす

尾を左、背を手前に置き直し、背ビレの上をすべらせるようにして背身をおろす。

20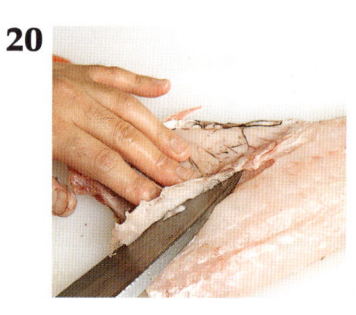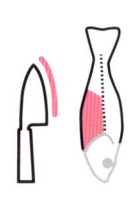

180度回して腹を左に置き直し、腹骨をかき取る。

長い魚

スマートで泳ぐのが得意な魚です。
背身と腹身を一気におろす、
大名おろしにすることがあります。

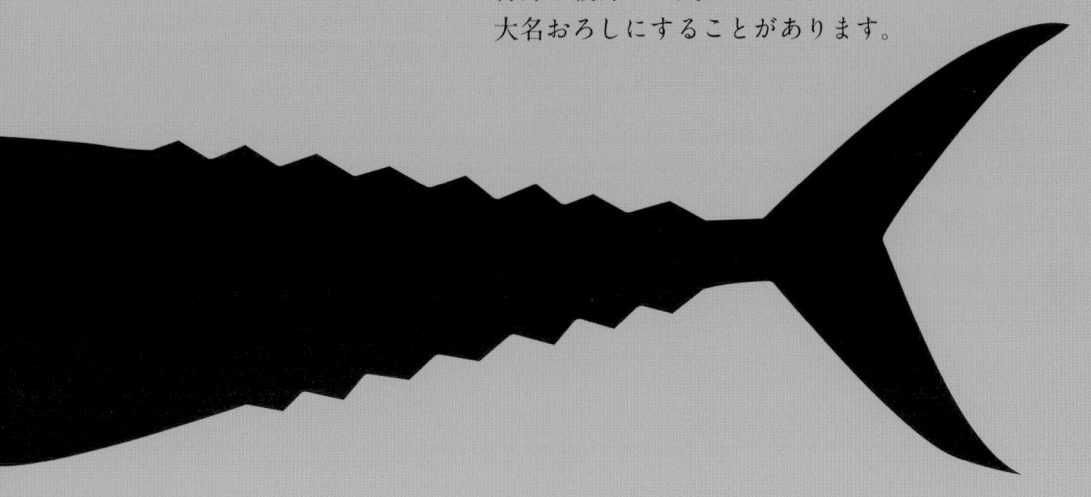

鰆

担当／野崎洋光

［さわら］

🇬🇧 Japanese Spanish mackerel

🇫🇷 scombre

🇮🇹 sgombro macchiato

🇨🇳 马鲛鱼

◎魚体が長く柔らかいため、身にストレスを与えないように気をつける。常にまな板に対して平行に置き、魚体をねじったりしないようにする。

◎水洗いすると身がくずれるので、血ワタは布でふき取る。

◎片身を切りはずしたら、もう一方の片身を下側にしてまな板に置いたまま、中骨のほうを切りはずす。

長い魚―さわら

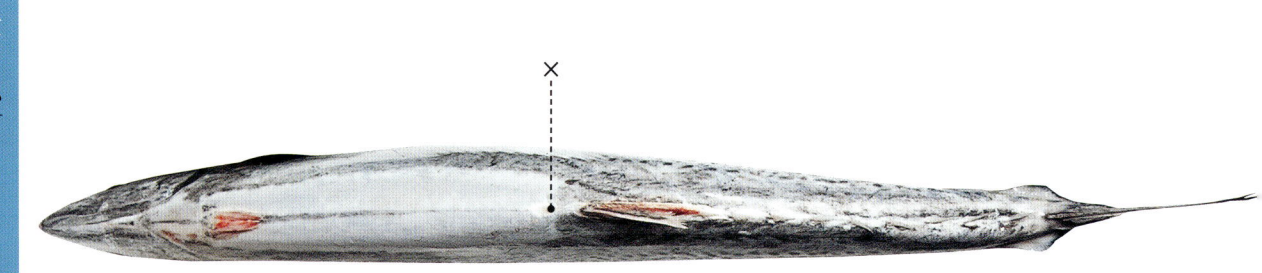

60

両面おろし

1 頭、内臓を除く

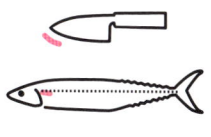

胸ビレを切り取る。

2

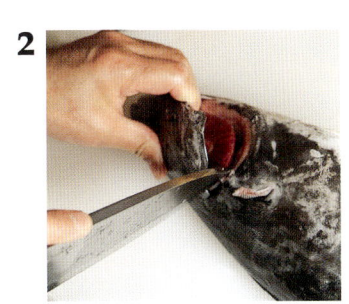
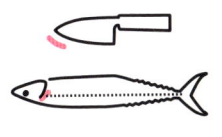

頭を左、背を手前にまな板に置き、包丁の刃を差し込んでエラの付け根を切る。

3

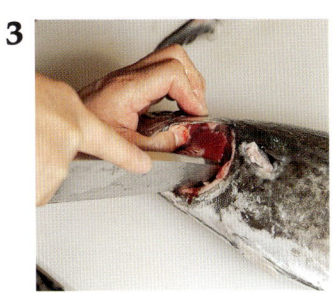
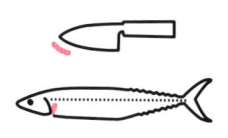

腹を手前に置き直し、反対側のエラも同様に切る。

4

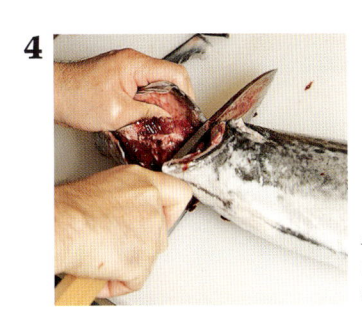
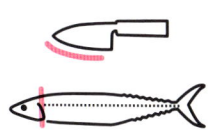

エラぶたを開いて包丁を差し込み、カマをつけずに頭を切り落とす。

5

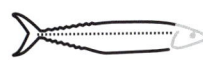

尾を左、腹を手前に置き直す。魚体の両端を持ってまな板に対して水平に回すようにして向きを変える。

6

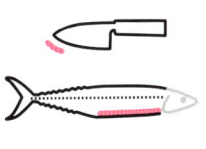

肛門まで腹を浅く切り開く。深く差し込むと内臓を傷つけるので気をつける。

7

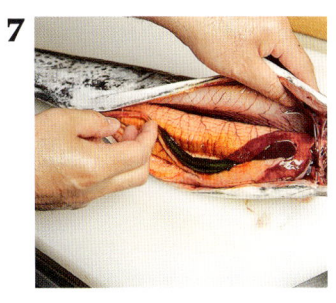

腹ぼが薄いので、傷めないように気をつけながら、左手で腹を開く。

8

内臓と腹子（卵巣）を取り出す。

9

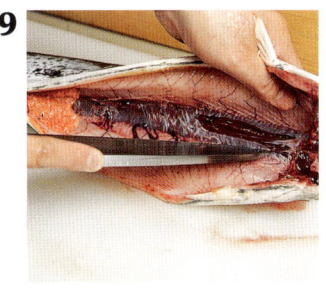

背骨の両脇に包丁で二本切り目を入れる。

10

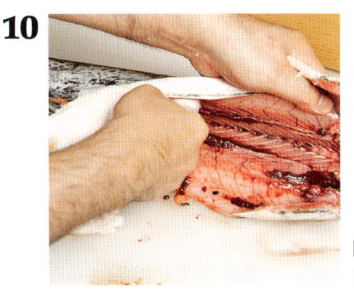
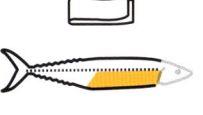

固く絞ったタオルで血ワタをふき取る。

11

片身をはずす

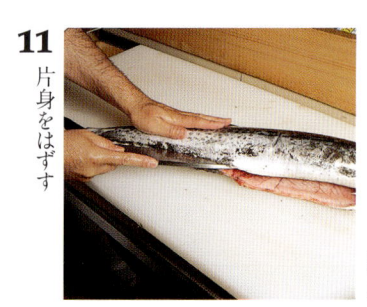

肛門から尾の付け根まで腹身を開く。

12

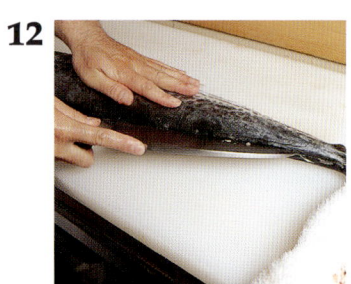
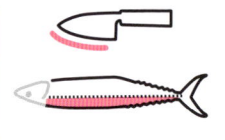

尾を右、背を手前に置き直す。尾から頭に向かって背身を切りはずす。

13

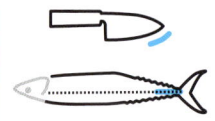

逆さ包丁で尾の付け根に深く差し込み、背骨の向こうまで切っ先を入れる。

14

包丁を順手に持ち変え、**13**で差し込んだ切込みに切っ先を入れる。

15

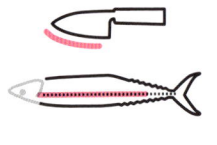

背骨の上をすべらせるように左に向かって包丁を水平に動かす。

16

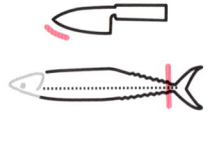

尾の付け根に縦に切り目を入れる。

17

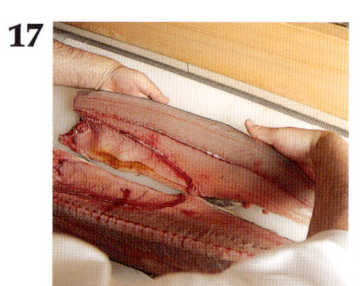
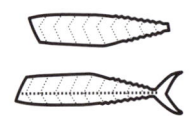

身を崩さないよう、本を開くような要領で両手で静かに片身をはずす。

18

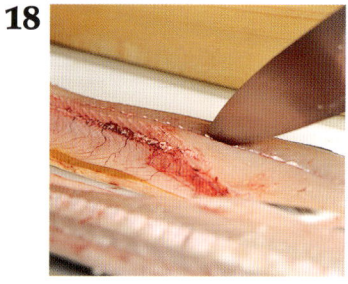
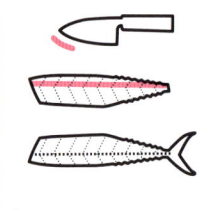

身割れしないように背身と腹身の間に縦に切り目を入れておく。

19

もう一方の片身をはずす

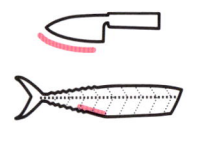

中骨がついた片身を尾を左、腹を手前に置く。尻ビレの下に包丁を差し込む。

20

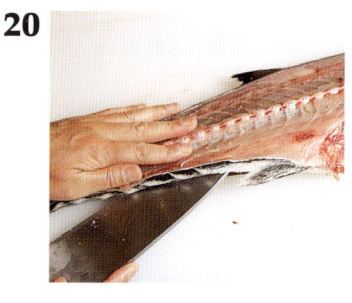
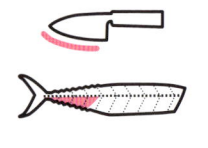

尾の付け根に向かって包丁を下から持ち上げるように動かし、腹身から中骨をはずす。

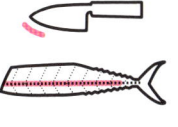

21

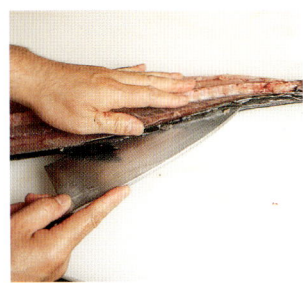

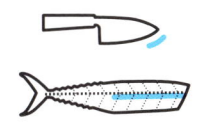

背骨と腹身の付け根を、肛門から頭側に向かって逆さ包丁で切りはずす。

26

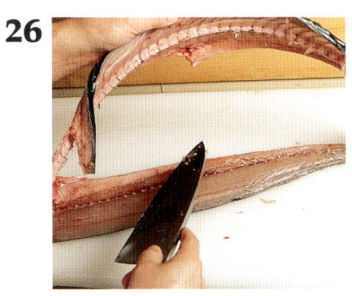

頭側の端まで切り進めると中骨がはずれる。

22

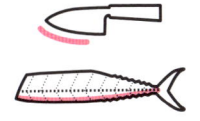

尾を右、背を手前に置き直す。尾の付け根から背身に包丁を入れる。

27

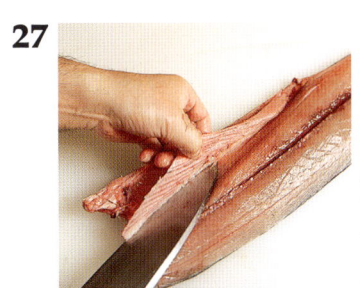

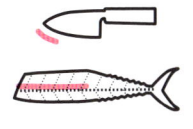

腹骨の付け根を切る。魚体が長いのでまな板に斜めに片身を置き、腹骨をめくるようにして少しずつ切りはずす。

23

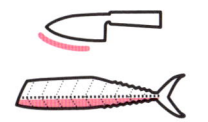

包丁で骨を押し上げるように動かし、左手で中骨をはがすように切り離していく。

28

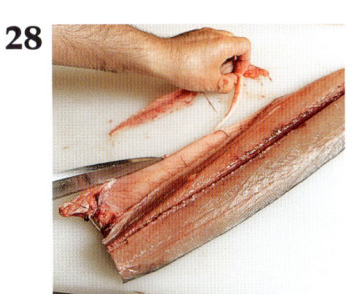

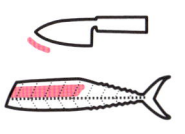

最後までめくれたら、腹骨を切り落とす。

24

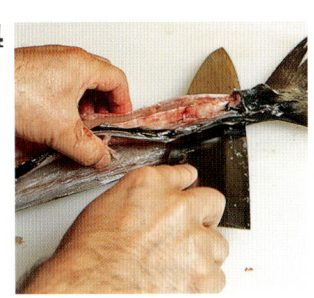

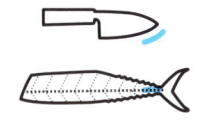

逆さ包丁で尾の付け根に深く差し込み、背骨の向こうまで切っ先を入れる。

25

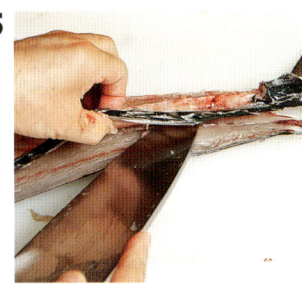

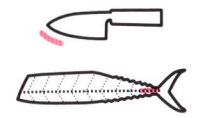

包丁を持ち変えて**24**で差し込んだ切込みに切っ先を入れ、左に向かって切り離していく。

飛魚

担当／野崎洋光

［トビウオ］

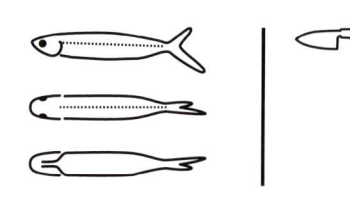

◎高価な魚ではないため、長い魚体に適した「大名おろし」にする。

◎体の構造はサヨリによく似ているので同じ要領でおろす。

◎ヒレが長くて作業の邪魔になるのでおろす前に引き抜く。

長い魚｜とびうお

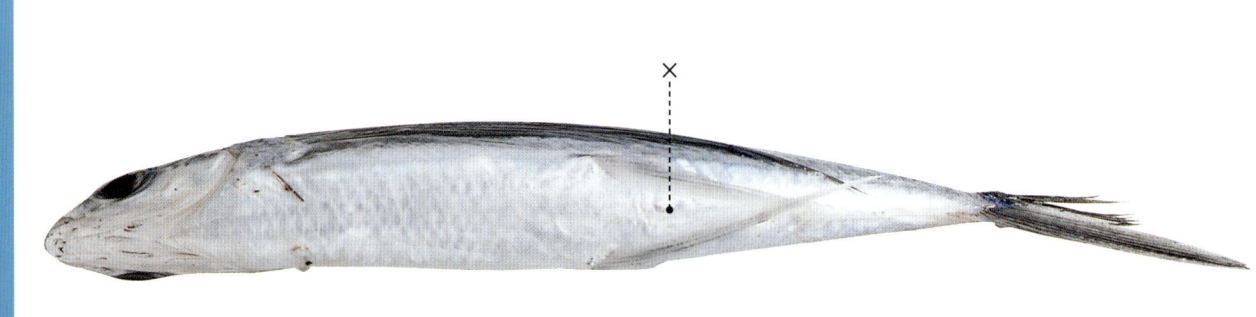

大名おろし

1

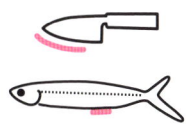

包丁で腹ビレを押さえて左手で魚体を持ち上げてヒレを引き抜く。

2 頭、内臓を除く

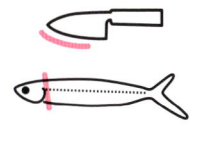

胸ビレの脇に斜めに包丁を入れ、頭にたすきに切り目を入れる。

3

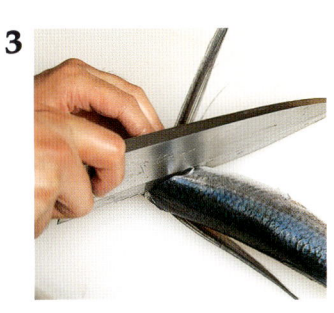
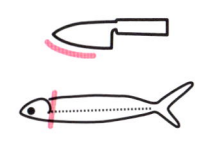

魚体を裏返し、同じように斜めに切り目を入れ、胸ビレごと頭を切り落とす。

4

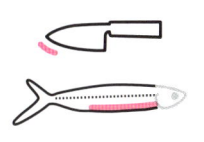

包丁を腹と平行に構えて、内臓を傷つけないように腹に浅く切り目を入れる。

5

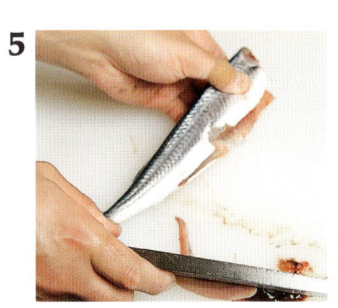
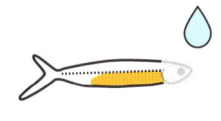

内臓をかき出す。塩水の中で水洗いし、血ワタと汚れを落とす。

6 片身をはずす

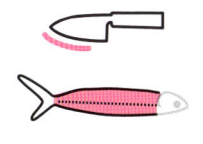

頭を右、背を手前に置いて、中骨の上を包丁の刃を当て、横にすべらすように一気に切り込む。

7

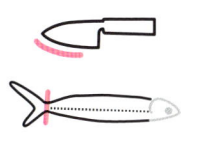

尾まで切り進め、尾の付け根を切って片身をはずす。

8 中骨をはずす

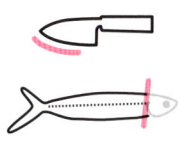

腹を手前に裏返して、身を少し持ち上げて背骨の上に包丁の刃を当てる。

9

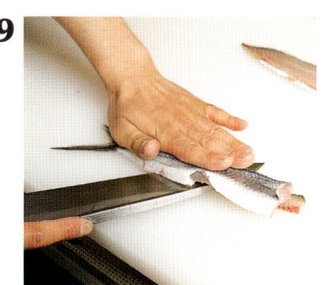
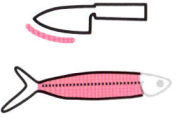

左手で魚体を押さえ、包丁を水平にすべらせるように動かして中骨を切りはずす。

10

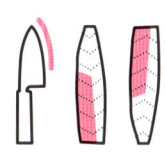

腹骨が左側にくるようにそれぞれの片身を縦に置く。腹骨をかき取る。

針魚

担当／結野安雄

［サヨリ］

🇬🇧 **halfbeak**

🇫🇷 **demi-bec du Japon**

🇮🇹 **costardella/costardello**

🇨🇳 针鱼/鱵鱼

> ◎サヨリはただでさえ身が薄いので、中骨に身を残さないようにする。
>
> ◎魚体が細いので、包丁を魚とほぼ平行にして、刃渡り全体を使って切り進めるとよい。
>
> ◎腹腔が大きく、小骨が多いので腹骨ごと小骨もかき取ってしまう。

長い魚｜さより

両面おろし

1
頭、内臓を除く

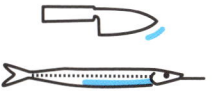

頭を右、腹を手前に向けてまな板に置き、逆さ包丁で肛門から刃先を差し込み、エラぶたの付け根まで切り進める。

6

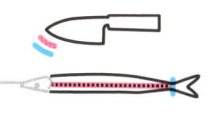

頭から尾に向けて背骨の上をすべらすように動かす。包丁を逆さ包丁に持ち直し、尾の付け根を切って片身を切りはずす。

2

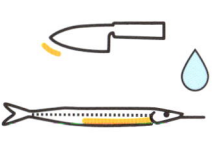

包丁の刃先を使って内臓をこそげ取る。流水で腹を洗い、水気をよくふき取る。

7

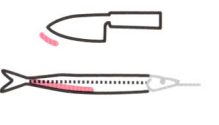

中骨の残った片身を、腹を手前、尾を左にしてまな板に置く。包丁の刃先を使って腹身を切り進める。

3

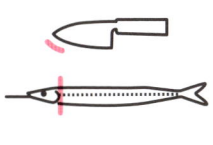

頭を左に向けてまな板に置き、頭を切り落とす。

8

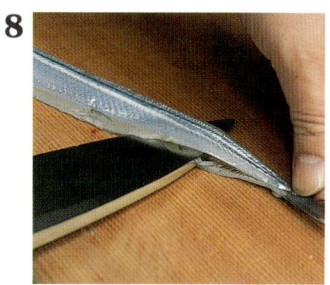
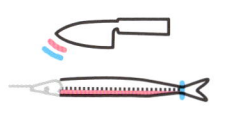

背を手前、尾を右にして置き直す。背身も腹身と同様に切り進め、中骨からもう一方の身を切りはずす。

4
片身をはずす

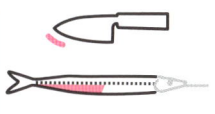

尾を左にまな板に置き直し、腹身を切りはずす。背骨に刃先が当たるまで切り進める。

9
腹骨と小骨を除く

腹骨の付け根を逆さ包丁で切りはずす。包丁を順手に持ち直し、小骨ごとかき取る。

5

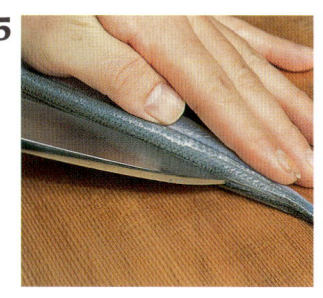
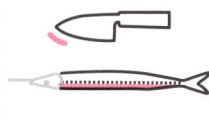

180度回転させて尾を右に、背を手前に置き、腹身と同様に背身をおろす。

10

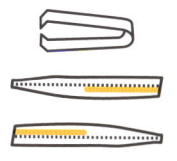

小骨を骨抜きで引き抜く。ヒレも硬いので引き抜く。

67

魳

担当／安海久志

[カマス]

🇬🇧 barracuda

🇫🇷 barracuda

🇮🇹 luccio di mare/sfirena

🇨🇳 魪

◎ウロコは薄いが大きいので、取り残しのないようにする。

◎歯がするどいので手をふれないよう気をつける。

◎身が柔らかいので小骨を抜きやすいが、カマのところの骨が1本だけ身に食い込んでいるので身をくずさないようにして引き抜く。

長い魚｜かます

68

両面おろし

1
頭、内臓を除く

ウロコを包丁の刃先でばら引きにする。

2

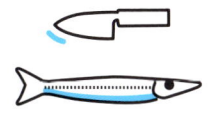

頭を右、腹を手前に向けて置き、肛門からエラぶたの付け根まで逆さ包丁で切り進める。刃先を使って内臓をこそげ取る。

3

流水で腹の中を洗って水気をよくふき取ったのち、頭を左に向けてまな板に置く。頭を切り落とす。

4
片身をはずす

尾を左にまな板に置き直し、腹身を切りはずす。背骨に刃先が当たるまで切り進める。

5

180度回転させて尾を右に、背を手前に置き、腹身と同様に背身をおろして片身をはずす。

6

中骨の残った片身を、背を手前、尾を左にしてまな板に置く。包丁の刃先を使って背身を切り進める。

7

腹を手前、尾を右にして置き直す。腹身も背身と同様に切り進める。

8

包丁を逆さ包丁に持ち直し、尾の付け根を切って片身を切りはずす。

9
小骨、腹骨を除く

小骨を骨抜きで抜き取る。カマの部分の小骨は深く食い込んでいるので、力を入れて抜き取る。

10

片身からへぐようにして腹骨をかき取る。

鮭

担当：遠藤十士夫

［サケ］

🇬🇧 **salmon**

🇫🇷 **saumon**

🇮🇹 **salmone**

🇨🇳 三文魚／大马哈鱼

◎サケは身が柔らかく、包丁が入りやすいので、出刃包丁ではなく、柳刃包丁を使って大名おろしにする。

◎一般にサケはウロコを引かず、タワシでこすって表面を水洗いするだけだが、この時、頭から尾に向かってこすれば、ウロコが逆立たずきれいに残せる。

◎血ワタはめふんに使うので、水洗いの時に傷つけないように注意する。

◎片身を切りはずしたら、もう一方の片身を下側にしてまな板に置いたまま、中骨のほうを切りはずす。

長い魚｜さけ

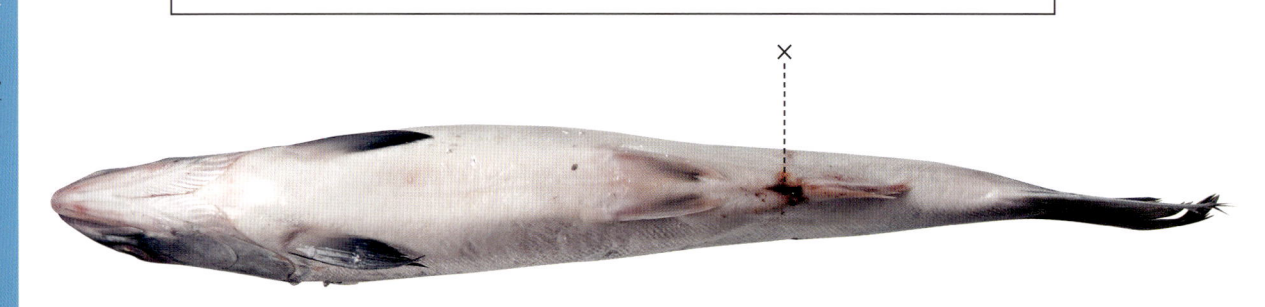

大名おろし

1

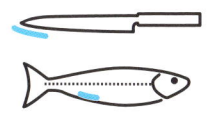

頭を右、腹を手前にして置く。左手で尾を押さえ、逆さ包丁で肛門から柳刃包丁の刃先を入れ、頭に向かって、まっすぐに腹を開く。

2

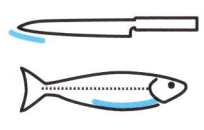

エラぶたの真下まで腹を切り開く。逆さ包丁で開けば、腹子が入っていても切ってしまう危険性が低い。

3

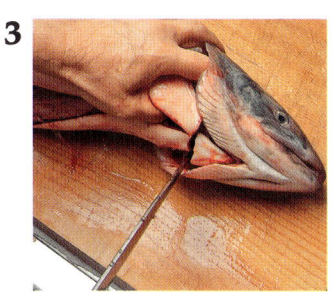
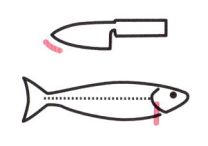

通称「釣り鐘」(エラ蓋の真下、顎の部分と腹身の付け根で、三角形になっている部分)を縦に切る。

4

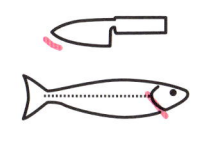

エラぶたの下に包丁の切っ先を差し込んで、エラぶたとエラの付け根を切る。

5

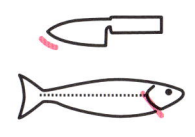

同様に、裏側のエラの付け根も切る。

6

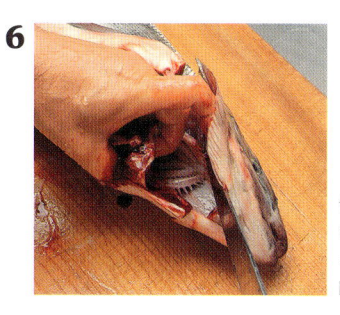
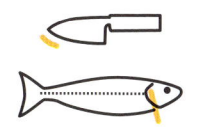

包丁の刃先でエラぶたを押さえながら、左手でエラを引っ張って取り出す。この時、内臓も一緒に取り出せる。

7

白子が入っていれば、傷つけないように取り出す。腹子が入っている場合は、腹を切り開いたらすぐに取り出す。

8

流水にさらしながら、魚体の表裏をよく洗う。ウロコを逆立てないように、頭から尾に向けてタワシでこする。

9

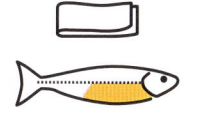

腹の中を洗う時は、血ワタをおおっている薄い膜を傷つけないように注意。腹の中も、ふきんで水気をよくふき取る。

10

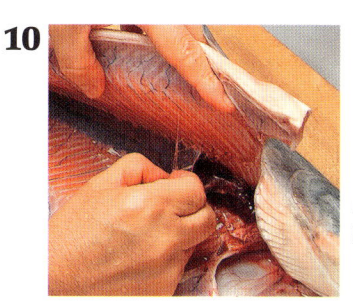

血ワタをおおっている薄い膜を、血ワタを傷つけないように注意して、指で引きはがす。

11

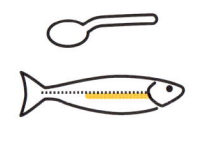

血ワタをスプーンでこそげ取る（めふんとして使う）。

16

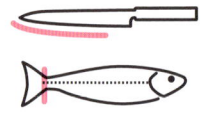

一気に片身をはずし、尾の付け根で切り離す。

12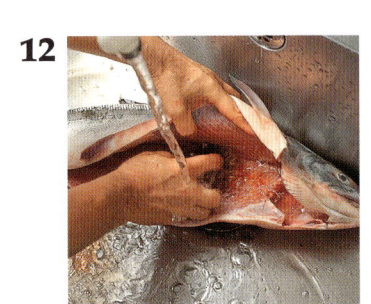

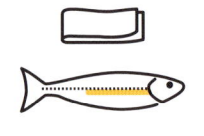

もう一度腹の中を水洗いして、血ワタの付着していた部分の血や汚れを洗い落とし、水気をよくふき取る。

17

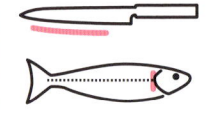

左手で頭を持ち上げ、背骨と下側の身の間に包丁を差し入れる。

13 三枚におろす

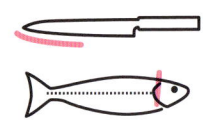

釣り鐘を切った切り口から背骨に届くまで包丁を入れて、背側の頭の付け根を縦に切る。

18

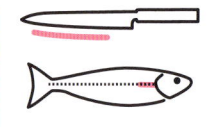

背骨の上を左手で軽く押さえるようにしながら、背骨にそって包丁を進める。

14

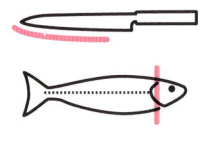

包丁を右にねかせて、背骨と上側の身の間に刃を差し入れる。

19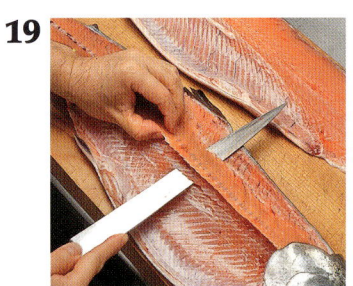

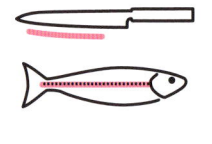

そのまま背骨の下をなでるように、尾に向かって切り進める。

15

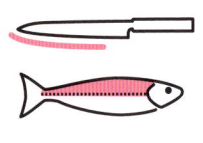

そのまま背骨の上をすべらせるようにして包丁を進める。左手で腹を少しめくると、包丁を進めやすい。

20

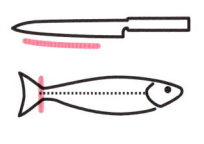

尾の付け根で、下側の片身を切り離す。

筒切りのおろし方

21

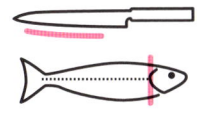

左手で背骨を持ち上げ、下側の片身の頭の付け根を切り離す。中骨に頭を付けた状態で、三枚におろした。

22

小骨とヒレを取る

尾を右手前に置く。包丁を立てて、背の小骨の部分をそぎ切る。

23

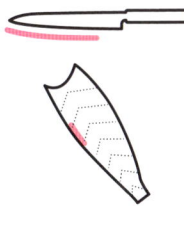

背ビレを切り取る。

24

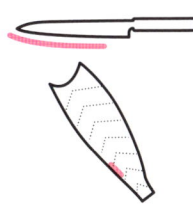

背ビレの後ろや、尻ビレとその周囲の小骨がある部分を切り取る。

1

カマ上で頭を落とす

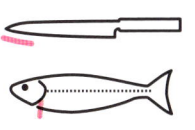

頭を左、腹を手前にして置く。左手でエラぶたを持ち上げ、釣り鐘を縦に切る。

2

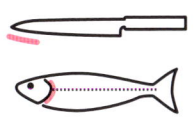

左手でエラぶたを開けて、切っ先を差し入れ、エラと内臓の付け根を切る。

3

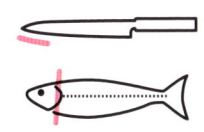

左手でエラとエラぶたを開いてしっかりと押さえ、カマ上に包丁を垂直に入れる。

4

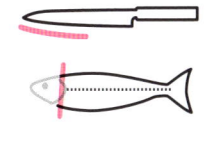

そのまま一気に頭を切り落とす。

5

内臓を取り、水洗いする

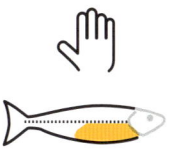

右手の指で内臓を引っ張り出す。奥の取りにくい部分は、指を差し込んでかき出すようにする。

6

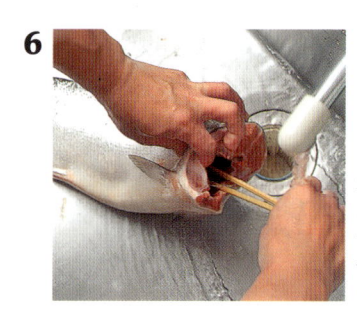
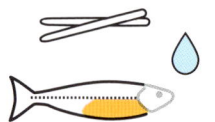

水洗いする。血ワタをめふんに使う場合は、菜箸などでつまみ出す。使わない場合は、菜箸などでこすってはがし、よく洗う。

7

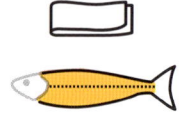

ふきんで水気をよくふき取る。

8
筒切りにする

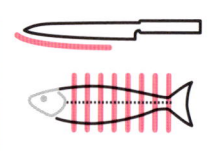

カマの部分から適当な厚さで筒切りにしていく。

9

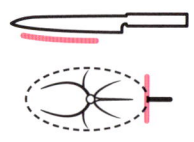

背ビレの付いている切り身は、まな板に立てて背ビレを切り落とす。

小さい魚

もともと大きく育たない魚と、
アジのように小さい型のものも
好んで使われる魚の二通りを収録しました。
小さい魚は長い魚と同様に、
大名おろしにする場合が多いです。
また天ぷらなどに用いるため、
切り身にしないで
中骨だけをはずすこともあります。

鰯

担当／遠藤十士夫

［イワシ］

🇬🇧 saldine

🇫🇷 saldine

🇮🇹 salda/saldina

🇨🇳 沙丁魚/鰮魚

◎小さく身が柔らかい魚なので、一般には手開きにする。

◎手開きにする時は、背ビレも包丁を使わずに手で引き抜くようにする。

◎背骨に付着している血ワタは生臭さの原因になるので、たんねんに洗う。

◎魚に水気が付いていると鮮度が落ちやすいので、ていねいにふき取る。

◎刺身にする場合は切り口が大切なので、包丁で三枚おろしにするほうがよい。

小さい魚｜いわし

手開きにする

1
頭ごと内臓を取り出す

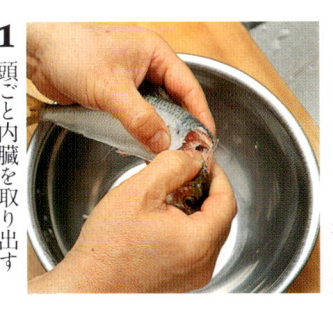

ウロコを出刃包丁で、尾から頭に向けてこそげ取る。右手の親指と人差し指をエラぶたに差し入れ、頭を手前に引っ張る。

2

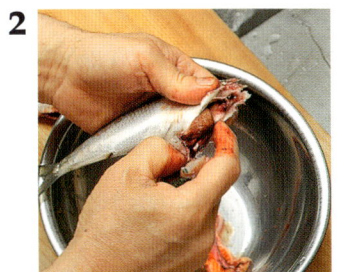

右手で頭と内臓を尾のほうに向けて引っ張りながら、人差し指で腹を裂き、内臓を抜き取る。

3

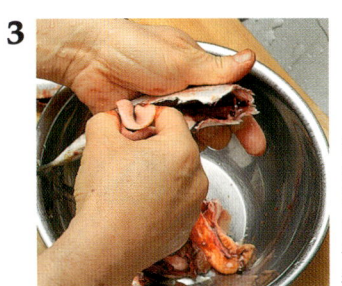

白子が入っている場合、腹の頭のほうに人差し指を差し入れる。人差し指で引きはがすようにしながら、白子をくずさないよう内臓を抜き取る。

4
水洗いする

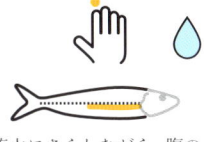

流水にさらしながら、腹の内側をきれいに洗う。特に背骨の部分には血ワタが付着しているので、指先でたんねんに洗う。

5

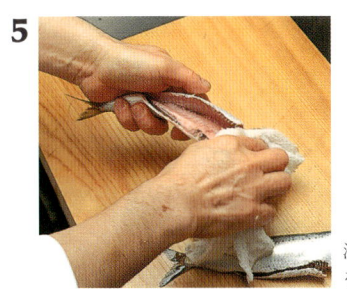
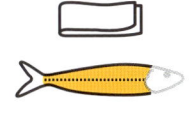

洗った後は、ふきんで水気をきれいにふき取っておく。

6
手開きにする

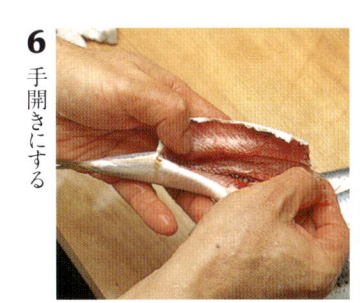

開いた腹の尾側から右手の親指を身と中骨の間に差し込み、背骨にそって頭のほうに向けて片身の腹側の中骨をはがしていく。

7

頭のほうから尾に向かって指をもどしながら、さらに指を差し込み、背側の身から中骨をはがしていく。

8

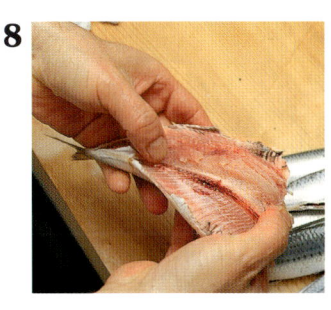
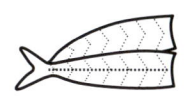

尾の付け根まで開いて、片身の中骨がはがれた状態。腹開きの一枚開きになる。

9

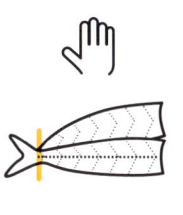

尾の付け根のところで背骨を折る。

10

折った部分から背骨をつかんで引っ張り、頭のほうに向かって背骨をはがしていく。

大名おろし

11 腹骨を取る

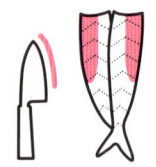

ていねいにおろす場合。出刃包丁を右にねかせ、刃先を腹骨の付け根に切り入れて、腹骨をそぐように切り進める。

12

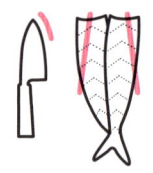

端までいったら包丁を立てて腹皮を引いて切り、腹骨を取る。逆側の腹骨も同様にそぎ切る。

13

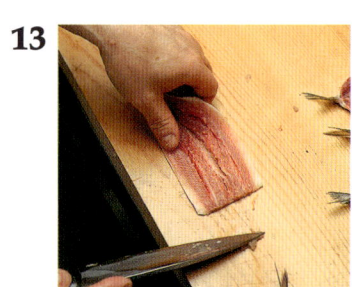
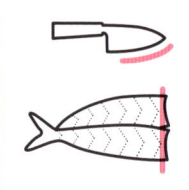

頭の付け根の部分をきれいに切る。

14 背ビレを取る

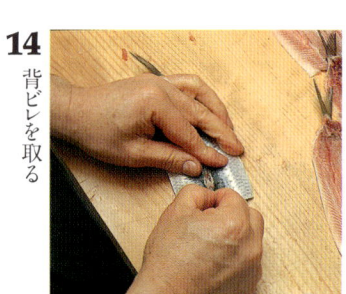

頭の付け根を右に、皮目を上にして置き、左手で背ビレの付け根部分を押さえながら、頭のほうに向かって背ビレを引っ張る。

1 頭を落とし内臓を除く

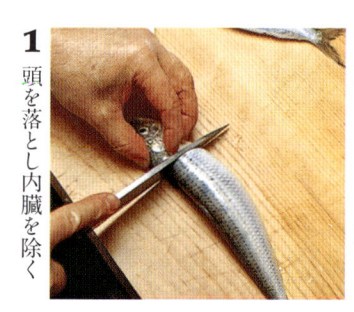
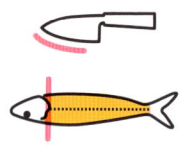

ウロコは出刃包丁でこそげ取る。次に、エラぶたにそって垂直に包丁を入れ、頭をまっすぐに切り落とす。

2

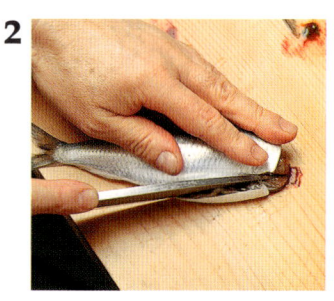
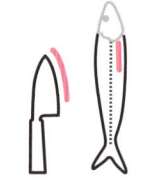

頭の付け根から腹の下側の部分（砂ずり）に、垂直に包丁を入れる。

3

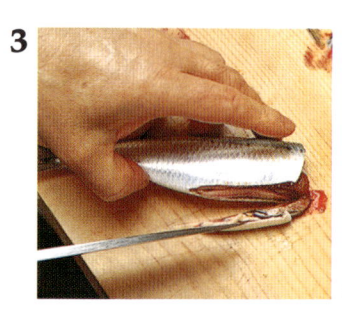
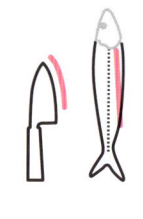

そのまま肛門までまっすぐに切り落とす。

4

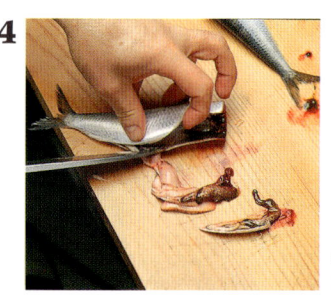
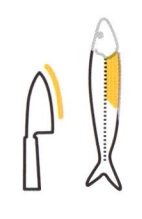

左手で身をめくり上げ、包丁で内臓をかき出す。

5 水洗いする

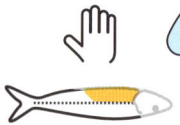

流水にさらしながら、腹の内側をきれいに洗う。特に背骨の部分には血ワタが付着しているので、指先でたんねんに洗う。

6

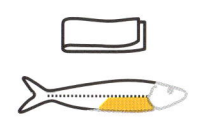

洗った後は、ふきんで水気をきれいにふき取っておく。

7

三枚におろす

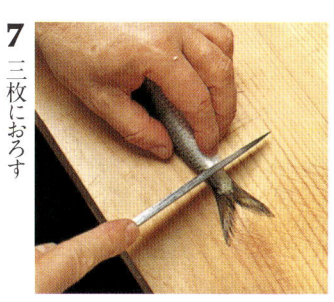

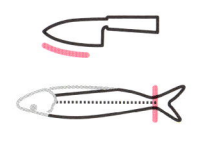

尾を右、背を手前に置き、尾の付け根に、背骨に届くまで切り目を入れる。

8

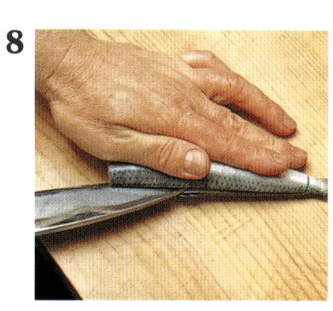

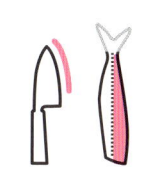

包丁を右にねかせ、尾の付け根に入れた切り目から刃先が背骨に届くまで切り進め、背ビレにそって切り開いていく。

9

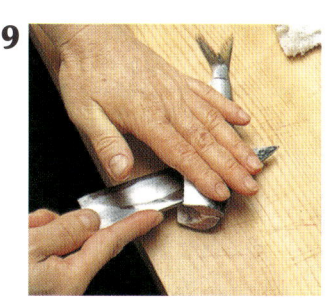

尾を左、腹を手前に置き換え、頭の付け根から背骨の上をすべらせるように包丁を進め、片身を切りはずしていく。

10

これで片身がはずれる。

11

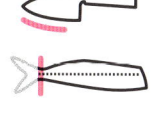

魚を裏返して尾を左、背を手前に置き、**7**と同様に尾の付け根に、背骨に届くまで切り目を入れる。

12

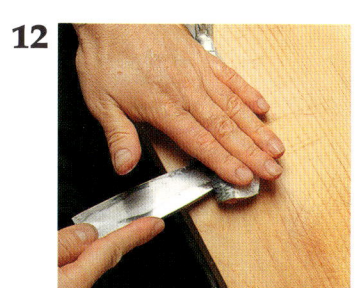

包丁を右にねかせ、頭の付け根から背骨の上をすべらせるように包丁を進める。

13

そのまま背骨にそって尾の付け根まで包丁を進め、もう一方の片身を背骨から切りはずす。

14

腹骨を取る

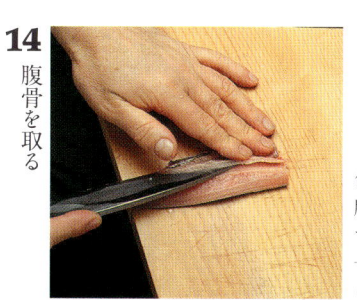

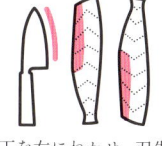

包丁を右にねかせ、刃先を腹骨の付け根に切り入れて、腹骨をそぎ切る。もう一方の片身も同様に腹骨をそぎ切る。

鱚

担当／遠藤十士夫

［キス］

📛 sand borer

🇫🇷 sillago

🇨🇳 鱚魚

◎魚体が小さいので中骨から身を一気に切りはずす「大名おろし」にする。

◎身の比較的厚い背身側に切り目を入れたのち、包丁を横にすべらせて一気に
身をはずす。

小さい魚｜きす

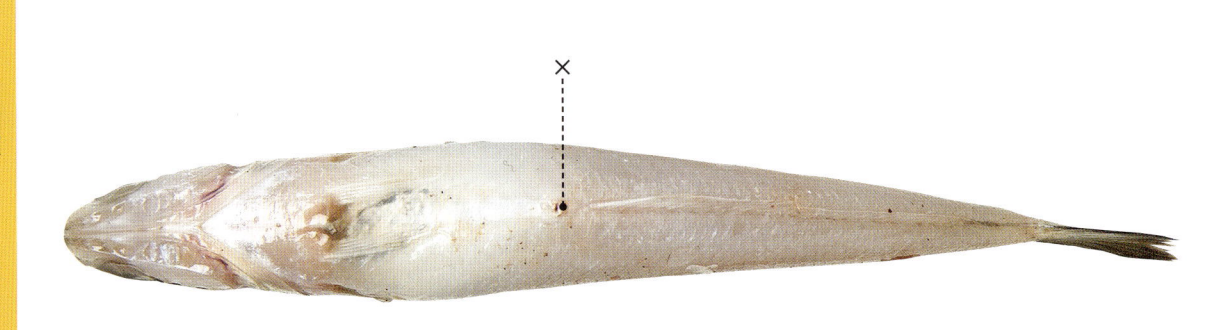

大名おろし

1 頭、内臓を除く

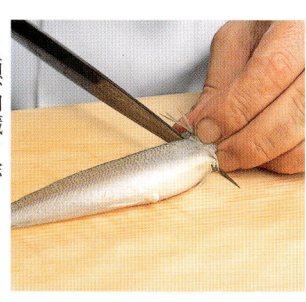
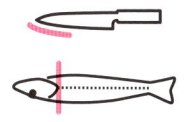

頭を左、背を手前に向けてまな板に置き、頭を切り落とす(手元が見づらいので、写真はすべて向かい側から撮影)。

2

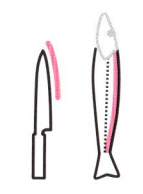

包丁の刃先で内臓をかき出す。魚体が小さく、皮が薄くて引きづらいので、ここでは小ぶりの柳刃包丁を用いている。

3 大名おろしにする

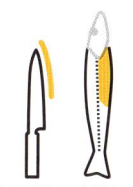

頭側を手前に縦に置き、背身に包丁で切り目を入れる。

4

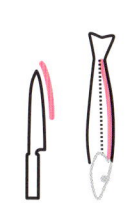

頭を右にして横向きに置き直し、左手で押さえる。包丁を左に一気に横に動かし、中骨から身をはずす。

5

尾の付け根を切り、片身をはずす。

6

中骨を下にして、尾を手前に縦に置き、**3**と同様に背身に包丁で切り目を入れる。

7

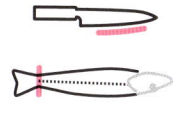

頭を右にして横向きに置き直し、**4**と同様に一気に中骨から身をはずす。

8

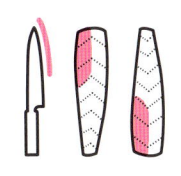

5と同様に尾の付け根を切るともう片方の身がはずれる。

9

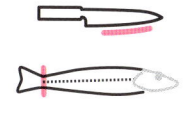

腹骨を切り取る。

鯊

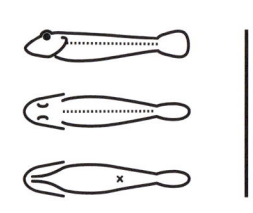

担当／野﨑洋光

[ハゼ]

🇬🇧 goby

🇫🇷 gobie/goujon de mer

🇮🇹 ghiozzo

🇨🇳 虾虎鱼

×--------•

◎腹に子を抱いていることがあるので、内臓を傷つけないように取り出す。

◎一枚に開いて、皮を上に向けてまな板に置き、中骨をはずす「二枚おろし」にする。

小さい魚│はぜ

二枚おろし

1 頭、内臓を除く

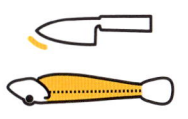

包丁の刃先でこそげるようにしてウロコを引く。頭を左、背を手前にしてまな板に置き、切り目を入れる。

2

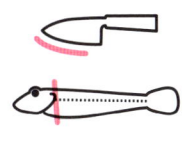

腹を手前に置き直し、切り目を入れて頭をはずす。

3

包丁の切っ先で内臓を取り出す。腹の中を歯ブラシで水洗いしておく。

4 片身をはずす

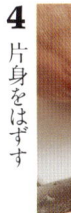

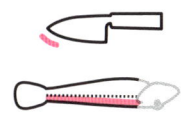

尾を左、背を手前に置き、背身から包丁を入れる。

5

背骨の上まで包丁を入れ、一枚に切り開く。開いた後、尾の付け根の中骨に縦に切り目を入れておく。

6

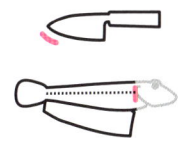

中骨のついた側を下にして裏返し、背骨の付け根に包丁の刃を入れる。

7

包丁を右から左に水平にすべらせて中骨を切りはずす。5の切り目に達すると自然に中骨がはずれる。

8

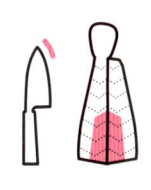

頭側を手前にして縦にまな板に置き、腹骨をかき取る。

9

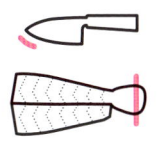

尾の先端を切り取り、形を整える。

女鯒

担当／野崎洋光

［メゴチ］

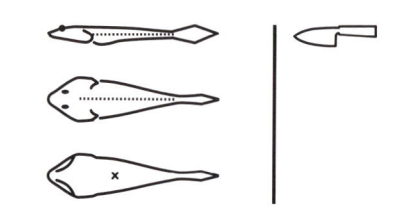

🇬🇧 dragonet

🇫🇷 dragonnet

🇨🇳 弯棘鯒

◎体の構造はコチと似ており、頭が大きい。

◎二枚の身を完全にはずさずに、松葉のように尾でつながった状態にした「松葉おろし」にする。このおろし方はキスなどにも応用できる。

小さい魚｜めごち

松葉おろし

1

頭、内臓を除く

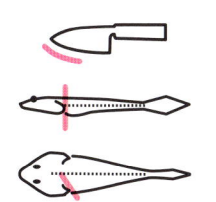

頭を左、腹を手前にしてまな板に置き、頭の付け根に斜めに切り込む。

2

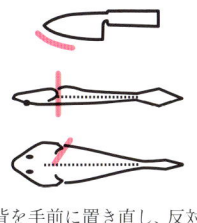

背を手前に置き直し、反対側から頭の付け根に斜めに切り込む。

3

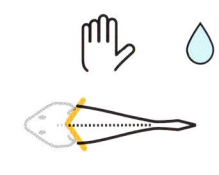

頭を引っ張り、つながったままの内臓をはずす。血ワタを水洗いして除く。

4

片身をはずす

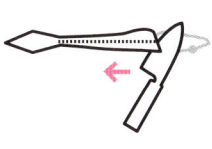

尾を左に、背を手前に置き、背骨の上から包丁を水平に入れる。

5

左手で身を持ち上げながら、尾の付け根まで切り進める。片身を完全に切りはずさないように気をつける。

6

中骨をはずす

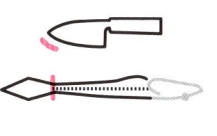

尾の付け根の中骨に縦に切り込みを一本入れる。身を傷つけず、骨だけを切るようにする。

7

腹が手前にくるように裏返し、背骨の上をすべらせるよう切り進める。**6**の切り込みまで切ると中骨がはずれる。

8

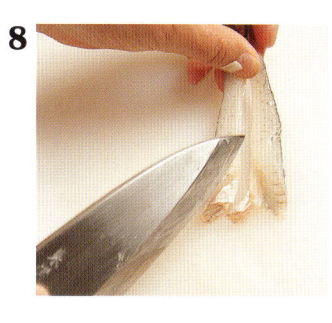
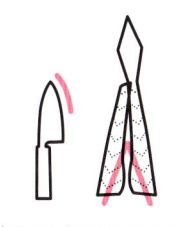

腹骨ごと身を斜めに切り落とし、形を整える。

9

尾の先端を切り取り、形を整える。

鰺

担当／山本正明

［アジ］

horse mackerel

carangue/chinchard

suro/sugarello

竹荚魚

◎皮を引かない場合は、初めにゼンゴ（体の両脇にある硬いウロコ。ゼイゴともいう）、ウロコの順で引いて水洗いする。

◎皮を引く場合は、初めにウロコのみを引き、ゼンゴは皮と一緒に引く。

◎頭をカマ下で落とす時には、腹ビレも一緒に切り落とす。

◎中骨に身を残さないようにていねいにおろす場合は、両面おろしにする。

小さい魚｜あじ

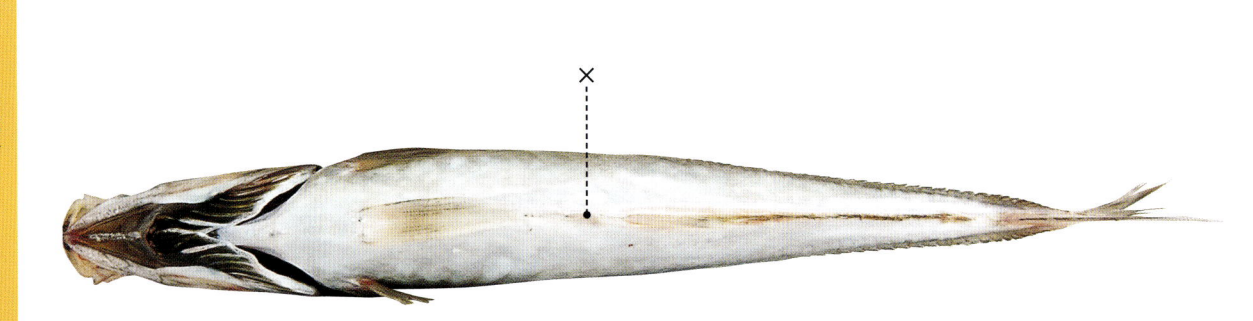

両面おろし

1 ウロコを引く

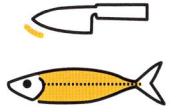

アジの頭を左手で押さえ、ゼンゴを付けたままの状態で、尾から頭へ向けて出刃包丁の刃先を動かしてウロコをばら引く。

2 頭を落とす

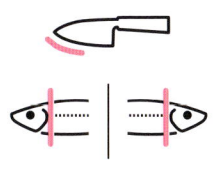

カマの後ろに両側からたすきに包丁を入れる。

3

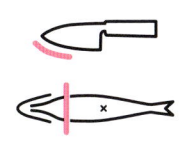

腹を上に向けて持ち、腹ビレの下から包丁を入れて頭を落とす。

4 内臓を取り出す

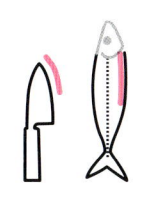

腹側に包丁を入れ、頭のほうから肛門へ向けてまっすぐに切り進める。

5

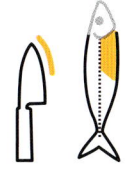

左手でアジを押さえ、腹の中に刃元を入れて内臓をかき出す。

6

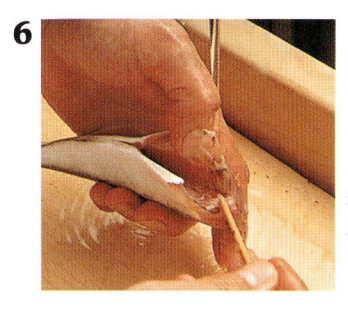
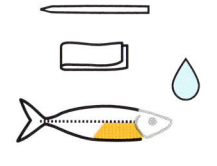

流水のもとで竹串を用いて血ワタをかき、きれいに洗い流す。ふきんで水気をよくふき取る。

7 三枚におろす

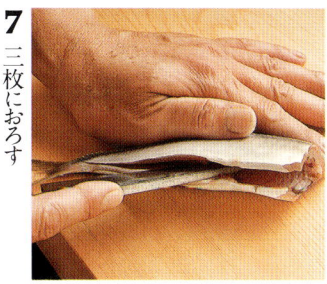
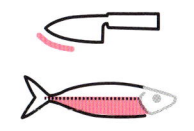

尾を左に腹を手前にして置き、切っ先を腹の中に入れ、上の身の腹骨の付け根を切り、そのまま中骨の上を尾のほうへ切り進める。

8

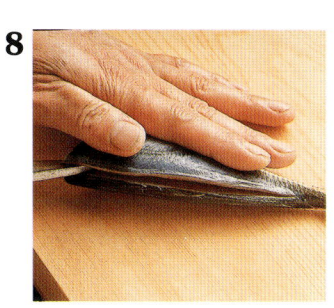
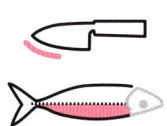

背を手前に、尾を右になるように置き換え、背ビレの上にそって刃先を大きく使い、背身を切り進める。

9

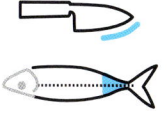

逆さ包丁で切っ先を身と背骨の間に差し入れ、そのまま尾のほうへ刃先を動かして片身を切り離す。

10

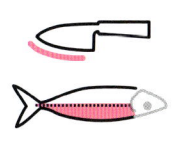

切り取った面を下に背を手前にして置き、刃先をねかせて背のほうから中骨の上を背骨まで切り進める。

ゼンゴの取り方

11

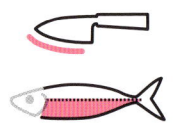

尾を右に腹を手前に置き換え、尾のほうから中骨の上を切り進めて、腹骨の付け根を切り離す。

1 ゼンゴを取る

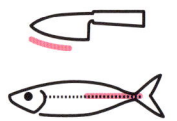

頭を左に腹を手前にして置き、尾ビレの付け根にあるゼンゴの端に刃先をあてて、頭のほうへすき引いてゼンゴを切り離す。

12

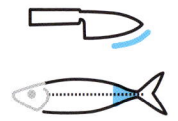

逆さ包丁で切っ先を身と背骨の間に差し入れ、尾のほうへ向けて切り離し、もう一方の片身を切り取る。

2

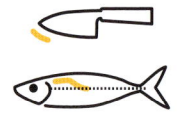

背の稜線ぞいにある小さなゼンゴは、ほかのウロコと同じように包丁の刃を立てて尾から頭へ向けて包丁を動かして引く。

13 腹骨を取る

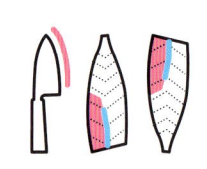

片身を皮を下にして置き、逆さ包丁で腹骨の付け根を切った後、包丁を持ち替えて腹骨をそぎ切りにする。

14 小骨を抜く

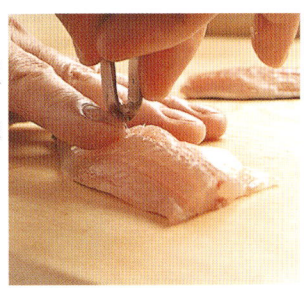

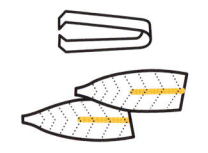

小骨（血合い骨）の先を左手で探しながら、身をくずさないように骨の周りの身を押さえて、骨抜きで小骨を抜く。

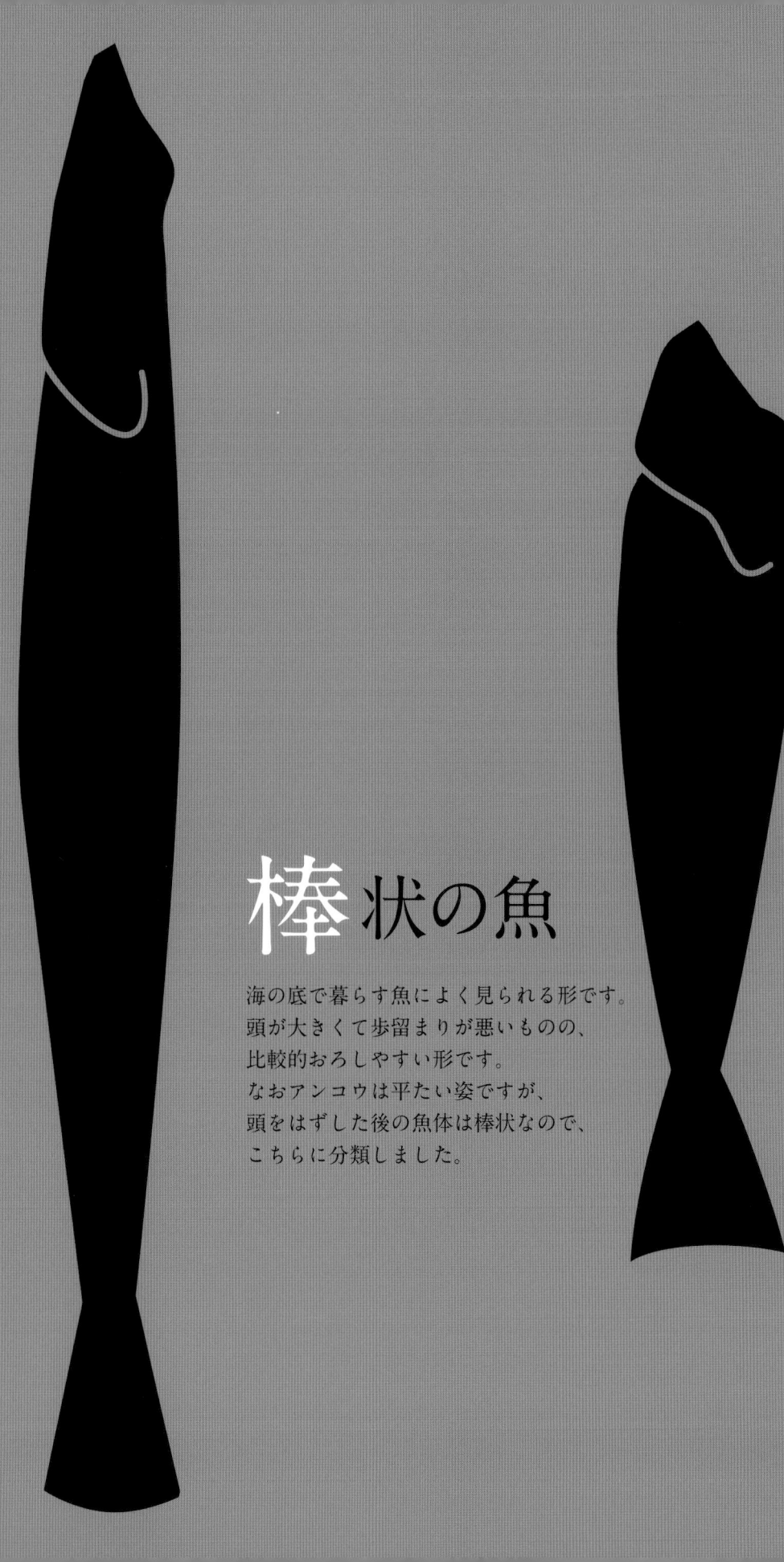

棒状の魚

海の底で暮らす魚によく見られる形です。
頭が大きくて歩留まりが悪いものの、
比較的おろしやすい形です。
なおアンコウは平たい姿ですが、
頭をはずした後の魚体は棒状なので、
こちらに分類しました。

虎魚 担当／津田 慎

［オコゼ］

🇬🇧 **stonefish**

🇫🇷 **rascasse okozé**

🇮🇹 **pesci pietra**

老虎魚／鬼鮋

棒状の魚｜おこぜ

◎背ビレの先に毒を持つトゲがあるので、おろす前に取り除いておく。

◎皮の表面はかなり汚れており、しかも、皮が柔らかいため付着物が食い込んでいることが多い。タワシやササラで、ていねいに洗い落とす。

◎皮が柔らかく、肉の上でたるんで動きやすいので、おろす時は、魚を押さえる左手で皮を寄せて、皮が張った状態にすると、包丁を入れやすい。

◎ユーモラスな形を生かして、姿のままおろして揚げ物にすることがある。

両面おろし

1
皮肌の汚れを取る

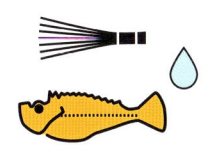

オコゼの皮肌はかなり汚れているので、流水にさらしながらササラなどを使って、きれいに洗い落とす。

2
背ビレを取る

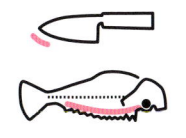

頭を右、背を手前にしてまな板に置く。左手で皮を腹側に寄せて、出刃包丁の刃先で、背ビレのきわに切り込みを入れる。

3

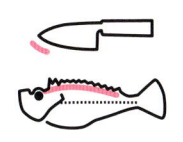

魚を裏返し、頭を左、背を手前に置き換えて、反対側の背ビレのきわにも切り込みを入れる。

4

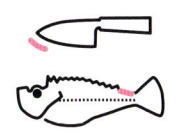

尾の付け根の、背ビレの端を切り取る。

5

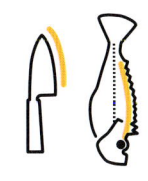

背ビレを包丁の刃元で押さえ、同時に、左手で尾を引っ張りながら、背ビレを包丁で引き抜くようにして取る。

6
頭、内臓を除く

左手で胸ビレを持ち、胸ビレのきわからエラの横に包丁を入れ、腹に向かって縦に、皮に切り目を入れる。

7

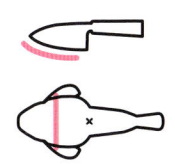

そのままぐるりと腹の皮を切り、反対側の胸ビレのきわまで、皮を切る。半周したので、腹が上になっている。

8

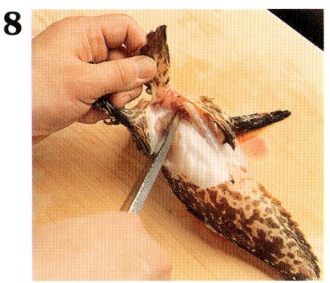

左手で胸ビレと腹ビレを持ち上げるようにして、ヒレのきわ、カマ下の部分に包丁を入れて、たすきに切り込む。

9

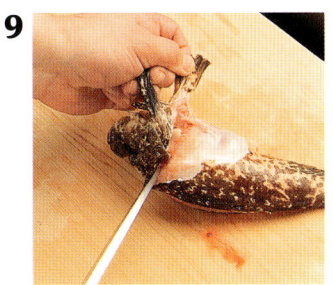

左手でヒレを引っ張りながら、背に向かってさらに切り入れる。顎の部分の内臓の付け根は切らないように注意する。

10

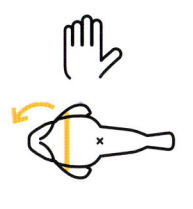

左手でカマを持ち上げるようにすると、内臓がはみ出してくる。

11 腹骨を取る

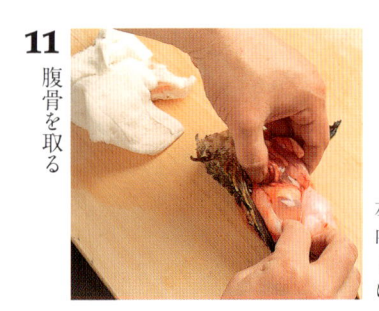

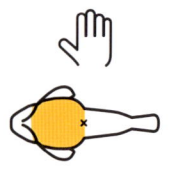

左手で頭を押さえ、右手で内臓をつかんで、腹の中から引っ張り出す。内臓は頭に付いている。

16

頭から内臓を切り取る。頭は水洗いして、水気をよくふき取っておく。

12

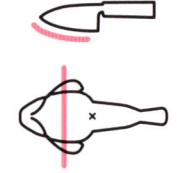

左手で頭と内臓を持って、カマ下から内臓ごと、頭を切り落とす。

17

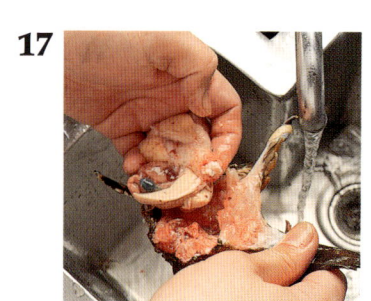

内臓のうち、手前に見えるのが肝である。小指の先にある黒い玉が苦玉（胆のう）。

13 水洗いする

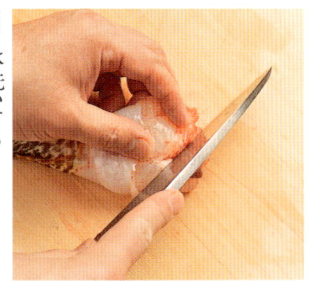

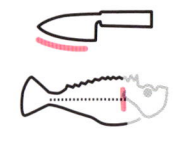

顎と身の付け根（腹側）にある血ワタの部分に、斜めに包丁を入れる。

18

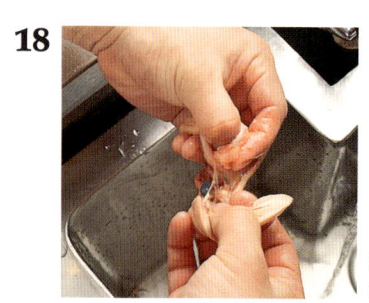

苦玉をつぶさないように注意して、指で肝を抜き取る。

14

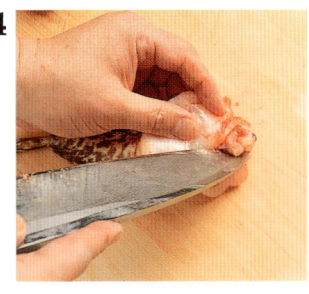

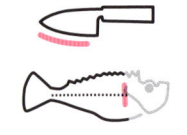

反対側にも同様に包丁を入れて、血ワタを切り取る。

19 三枚におろす

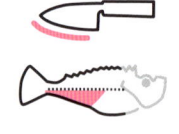

腹を手前、尾を左に置く。包丁を右にねかせて刃先を腹に切り入れ、中骨の上をなでるようにしながら、尾の付け根まで切る。

15

流水にさらしながら、ササラを使って、血ワタや内臓が付いていた部分をきれいに洗い、水気をよくふき取る。

20

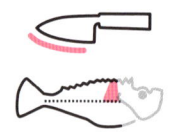

背骨に届くまで切ったら、もう一度包丁を入れ直し、背骨の上にそって、頭の付け根にさらに深く切り入れる。

21

 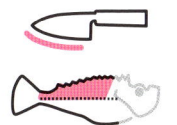

尾に向かって背骨の上をな
でるように切りながら、左
手で切り離した身を引っ張
るようにめくっていき、片
身を切り取る。

22

 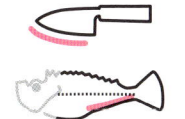

裏返して腹を手前、尾を右
に置く。左手で魚を押さ
え、包丁を右にねかせて、
尾の付け根から腹に切り込
みを入れる。

23

中骨の上をなでるようにし
ながら、頭に向かって腹を
切り開いていく。

24

 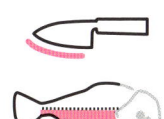

尾を左、背を手前に置く。
背ビレを抜いた切り込みに
包丁を入れ、左手で切り離
した身を引っ張りながら開
き、さらに深く切る。

25

 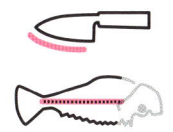

背骨にそわせて包丁を進め
ながら、背側の中骨の上も
なでるように切り、もう一
方の片身を切り取る。

26

三枚におろしたところ。

27

腹骨を取る

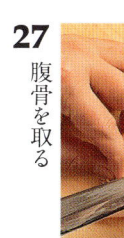  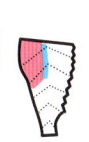

皮目を下、尾を手前にして
片身を置く。腹骨の付け根
に、逆さ包丁の切っ先を立
てて切り目を入れた後、腹
骨をそぎ切りにする。

28

 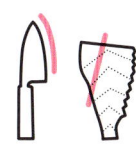

包丁を立てて、腹骨の部分
を切り取る。腹骨の背骨側
の部分には、小さな小骨が
あるので、小骨も一緒にそ
ぎ取るようにする。

29

もう一方の片身も、同じ要
領で腹骨の部分を切り取る。

姿で使う場合のおろし方

1 内臓を取り出す

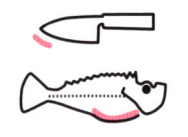

背ビレを取ったオコゼを、頭を右、腹を手前に置く。内臓を傷つけないように注意して、出刃包丁で肛門まで腹を切り開く。

6 エラを取る

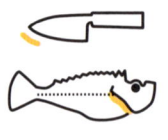

包丁の切っ先をエラの中に差し込み、左手の指でエラぶたを持って押し開く。

2

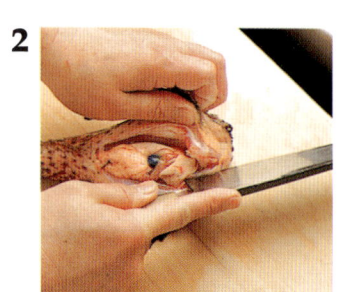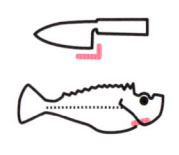

顎の下にも包丁を入れ、内臓を右手で引っ張り出す。

7

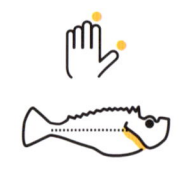

左手の親指と人差し指でエラをつかみながら、切っ先をさらに差し込んで、カマ下のエラの付け根を切る。

3

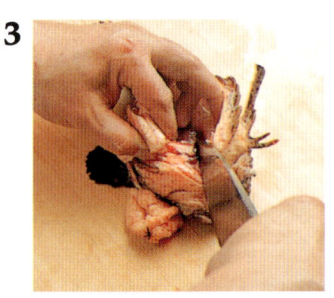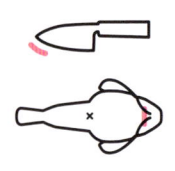

左手で腹を開き、顎と内臓の付け根を切る。

8

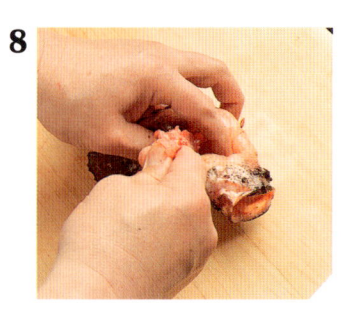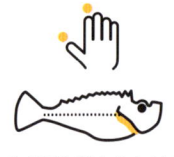

左手で頭を押さえながら、右手の指でエラをつまんで引っ張り、そのまま引き抜く。反対側のエラも同様にして取る。

4

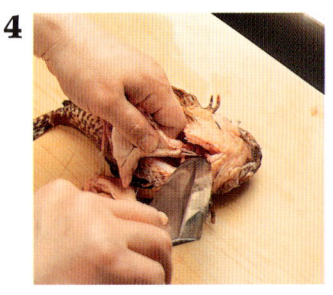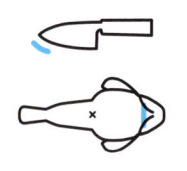

肝を傷つけないように注意しながら、反対側の付け根も逆さ包丁で切り、内臓を取り出す。

9 水洗いする

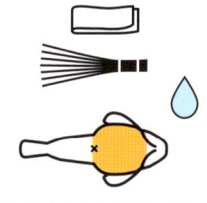

流水にさらしながら、ササラを使って、腹の中をきれいに洗い、水気をふき取る。

5

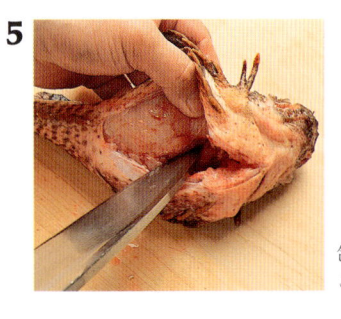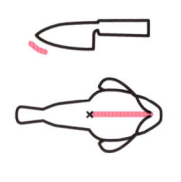

包丁の切っ先で、血ワタをこそげ取る。

10 中骨をはずす

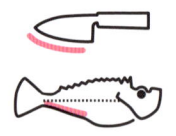

頭を右、腹を手前に置く。包丁を右にねかせ、腹の開いたところから刃先を入れ、肛門から尾の付け根まで切り目を入れる。

11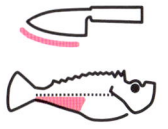

切り目に包丁を入れ直し、中骨の上をなでるようにして、切った身を左手でめくりながら、背骨に届くまで深く切り開く。

16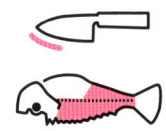

頭を左、背を手前に置き直し、同様の要領で、もう一方の片身を中骨から切り離す。

12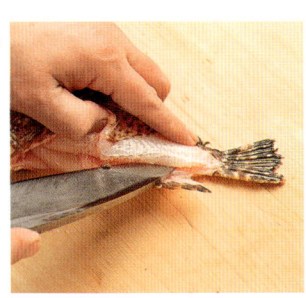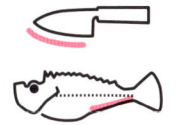

頭を左、腹を手前に置き直す。尾の付け根から頭に向かって、中骨の上をなでるように包丁を入れていく。

17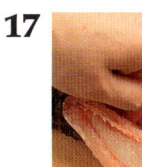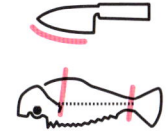

包丁の切っ先を尾の付け根に差し入れて、開いた身のきわで中骨を引き切る。背骨とカマの付け根も切り、中骨のみをはずす。

13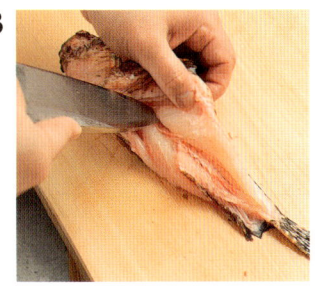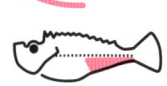

包丁を入れ直し、切った身を左手でめくり上げながら、背骨に届くまで深く切り開く。

14

頭を右、背を手前に置き直す。左手で背ビレを取った後の切り目をめくり、中骨の上をなでるように切り込んでいく。

15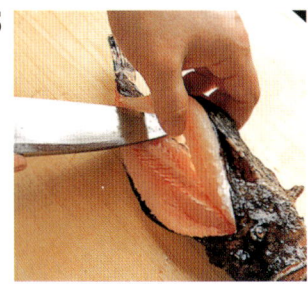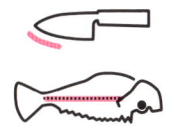

背骨にそわせて包丁を進めて、片身を中骨から切り離す。ただし、身は尾の付け根でつながった状態にする。

魴鮄

担当／野崎洋光

［ホウボウ］

🇬🇧 gurnard

🇫🇷 grondin

🇮🇹 gallinella/capone

🇨🇳 魴鮄／綠鰭魚

棒状の魚｜ほうぼう

◎すべらないよう包丁の峰でこすってぬめりを落としてから作業する。

◎頭が大きいので、歩留まりをよくするようにVの字の形に切り落とす。

◎魚の向きを変えずに腹身、背身の順におろしていく。

片面おろし

1

包丁の峰で軽くしごいて、ぬめりを取る。

2 頭、内臓を除く

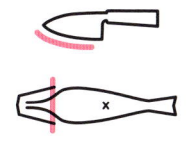

頭を左、腹を上にして置き直し、包丁をやや斜めに傾けて腹ビレの付け根に切り目を入れる。

3

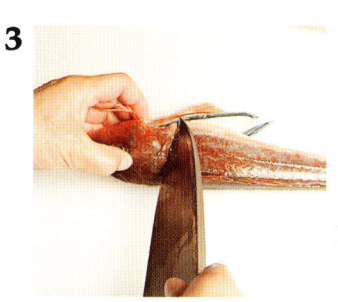
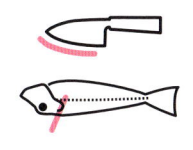

頭を左、背を手前にしてまな板に置き、頭に斜めに切り込みを入れる。

4

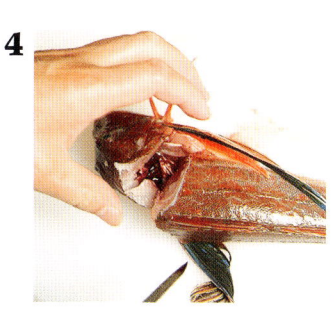
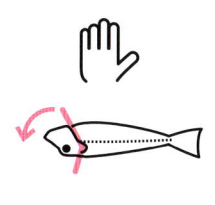

頭がはずれる。断面がVの形となる。

5

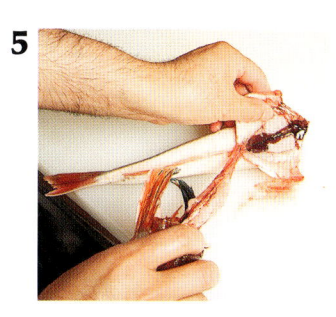
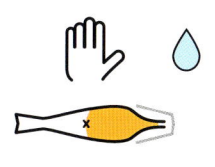

頭ごと内臓を引きはがす。腹の中の血ワタを流水で洗う。

6 片身をはずす

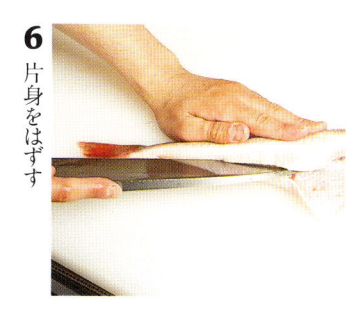
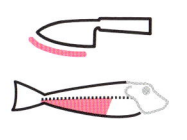

尾を左、腹を手前に置き、尻ビレの上に包丁を入れ、すべらせるように腹身をおろす。

7

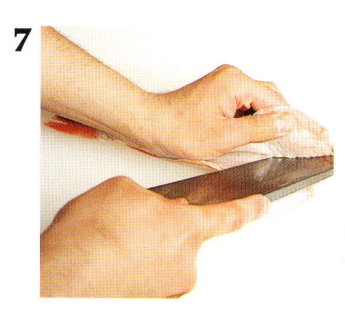

身を少しめくるようにして背骨の上に包丁を当て、腹骨を切断しながら背身を切りはずす。

8

片身をはずしたら、尾を左、背を手前にして置き、背身を切りはずす。

9

身を少しめくるようにして背骨の上に包丁を当て、腹骨を切断しながら腹身を切りはずす。

10

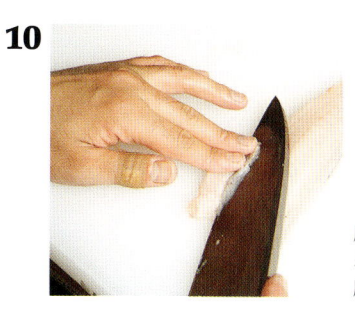
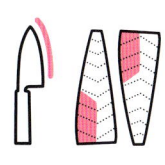

腹骨が左側にくるようにそれぞれの片身を縦に置く。腹骨をかき取る。

鯒
担当／山本正明

［コチ］

🇬🇧 flathead

🇫🇷 platycéphale indien

🇨🇳 鯒鱼/牛尾鱼

◎魚体が大きく棒状なので包丁をねかさずに、縦に切り目を入れていく。

◎背骨の両脇と背ビレの両脇に縦に切り目を入れたら、最後に横に包丁を動かして切り目をつなげるようにして身を切りはずす。

棒状の魚｜こち

98

両面おろし

1 頭、内臓を除く

 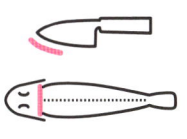

頭を左にしてまな板に置き、頭の付け根に切り込みを入れる。

2

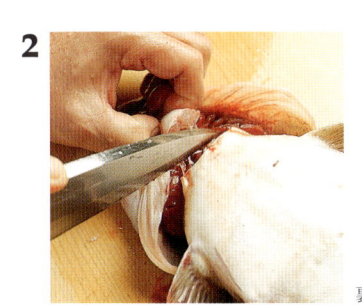 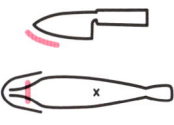

裏返して、のど下を横に切る。

3

 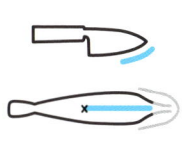

逆さ包丁で肛門から**2**の切り目に向けて腹を切り裂く。ここから内臓を取り出し、頭を切り落とす。

4

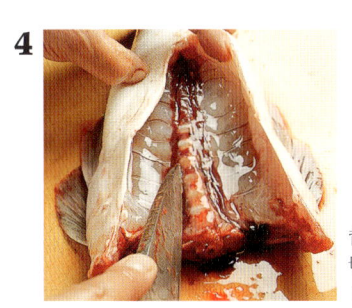 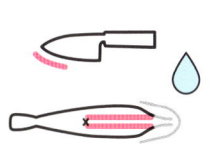

背骨の付け根の両脇に縦に切り目を入れて、流水で血ワタを洗い流す。

5 片身をはずす

 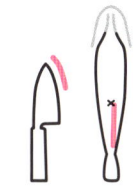

尾を手前にして裏返してまな板に置き、尻ビレの右脇に切り込む。

6

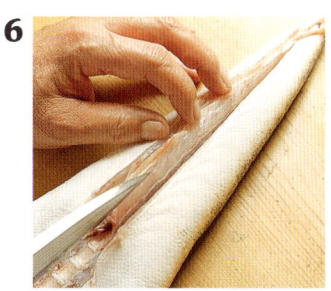 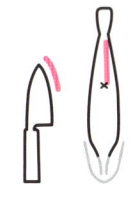

頭を手前にして置き直し、尻ビレの右脇に切り込む。

7

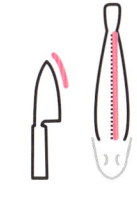

頭側を手前にして裏返し、背ビレの右脇に切り込む。

8

 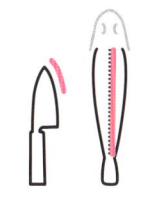

尾を手前にして置き直し、再び背ビレの右脇に切り込む。

9

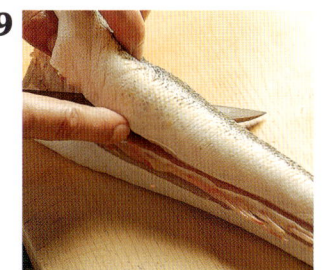 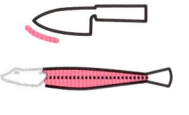

尾を右、腹を手前に置き、腹ビレの上に包丁を差し込んで、**5**の切り目と**7**の切り目をつなげるように切ると片身がはずれる。

10 もう一方の片身をはずす

裏返して背ビレの上に包丁を差し込み、**8**の切り目と**6**の切り目をつなげるように切ると、もう片方の身がはずれる。

鮟鱇
[アンコウ]

担当／野崎洋光

angler

baudroie/lotte

rana pescatrice/coda di rospo

鮟鱇/老头鱼

棒状の魚｜あんこう

◎体が大きい上に柔らかく、すべりやすいので専門店ではつるし切りにするが、
　ここではまな板の上でおろす方法を紹介する。

◎アンコウのあらは「七つ道具」と呼ばれ、鍋の具として珍重されるため、個々
　に解体する。

◎胃もまた七つ道具の一つだが、市場に出回っているアンコウは腐敗の原因に
　なるので、腹を裂いて胃から内容物を取り出していることが多い。

◎身も骨も柔らかいので大名おろしにする。

大名おろし

1

ヒレを除き、皮をはぐ

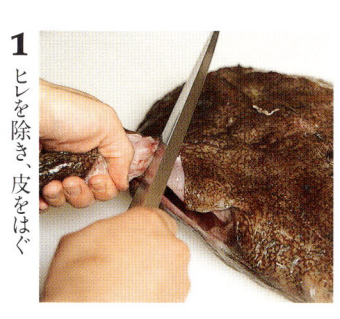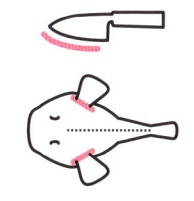

頭側を左にまな板に置く。熊手ビレ（胸ビレ）を関節から切りはずす。

2

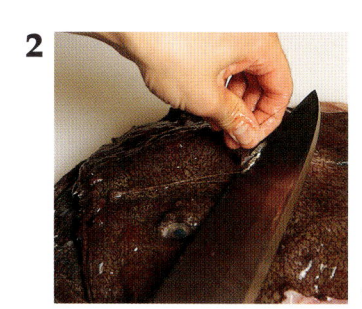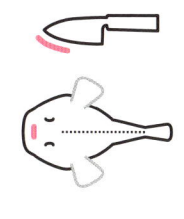

ちょうちんを切りはずす。

3

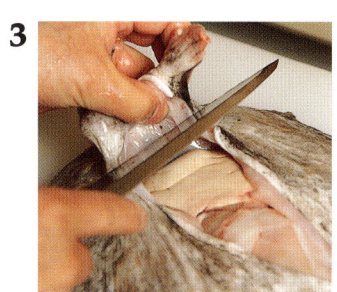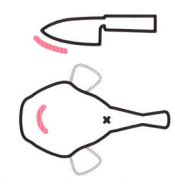

腹を上に向けて裏返し、裂かれた腹に包丁を差し込み、皮ごと腹ビレを切り落とす。

4

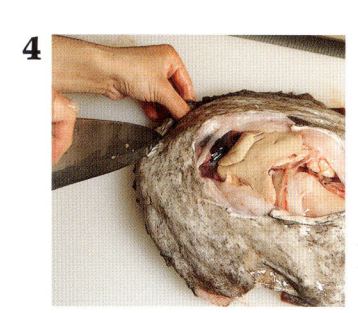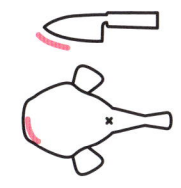

口の先端に包丁を入れ、顎の骨にそって手前に向かって口の付け根の皮を切り開く。

5

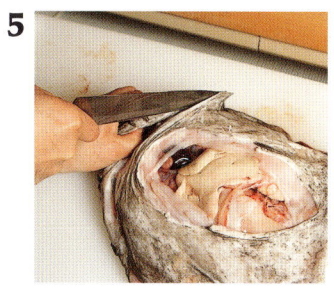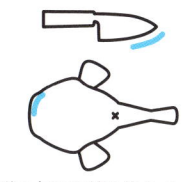

逆さ包丁に持ち換えて、口の先端から顎の骨にそって向こう側の口の付け根の皮を切り開く。

6

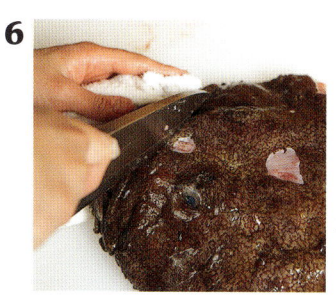

再び背を上に裏返す。歯がするどくてあぶないのでふきんを噛ませる。

7

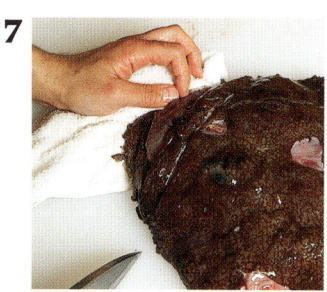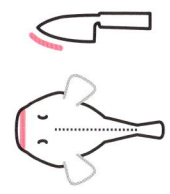

口の付け根に縦に一本切り目を入れる。

8

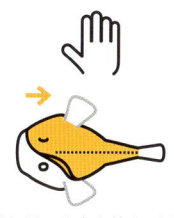

切り目から皮を持ち、尾のほうに向かって引っ張ると皮がはがれる。

9

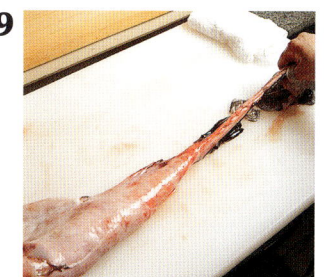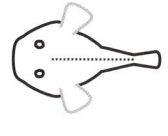

靴下をぬがせるように、皮を完全に引きはがす。

10

頭、内臓をはずす

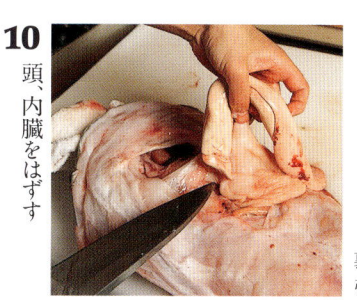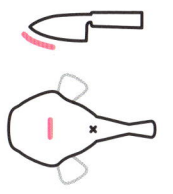

裏返して、あん肝（肝臓）を引き出して切りはずす。

11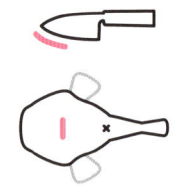

つぶさないように気をつけながら苦玉（胆のう）を切り除く。

16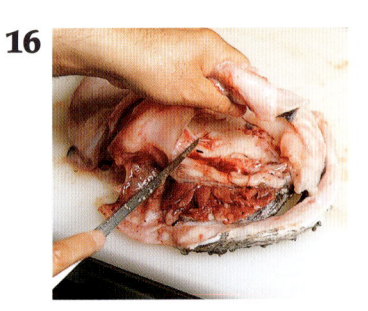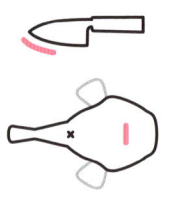

エラの付け根を切る。

12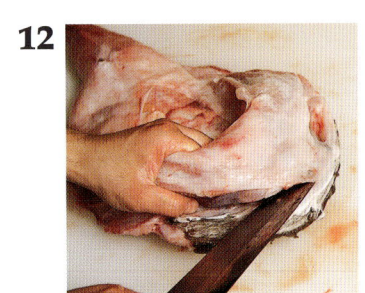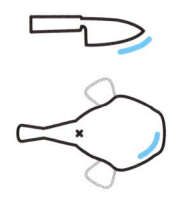

頭を右に置き直し、逆さ包丁で顎の付け根を切り開く。

17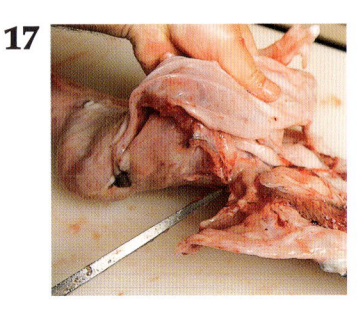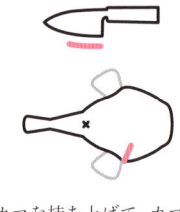

カマを持ち上げて、カマの上の部分に背骨に達するまで切り込みを入れる。

13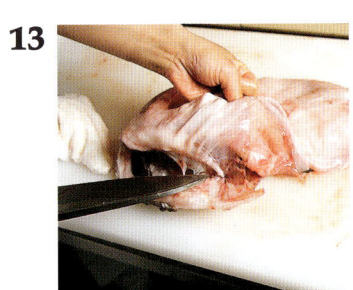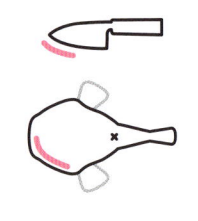

頭を左に置き直し、のど下に包丁を入れる。

18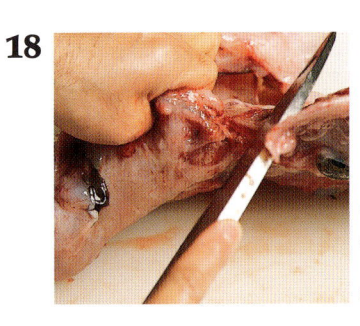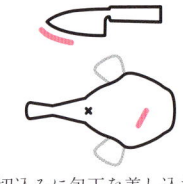

切込みに包丁を差し込む。少し傾けて、刃元近くを使って腹部に向かって斜めに軽く包丁を入れる。

14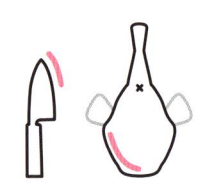

魚体を回しながら、のど下の肉をぐるりと顎の骨から切りはずす。

19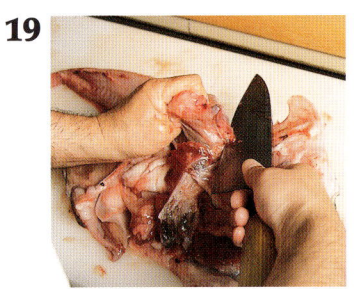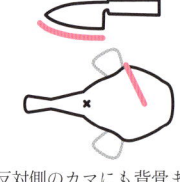

反対側のカマにも背骨まで切り込みを入れたのち、やはり刃元近くを使って斜めに軽く包丁を入れる。

15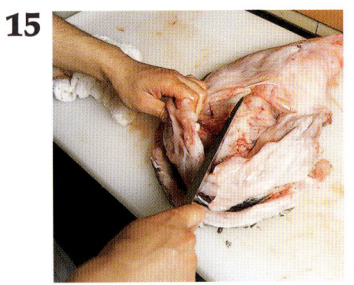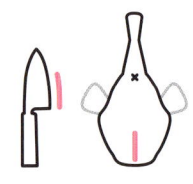

口に縦に包丁を入れ、顎の骨の付け根を切断する。

20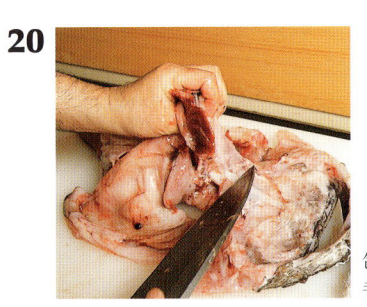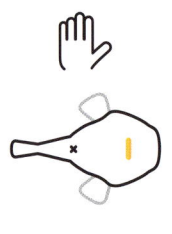

包丁で身を押さえ、エラを左手で持って左に引っ張る。

内臓、あらの下処理

21

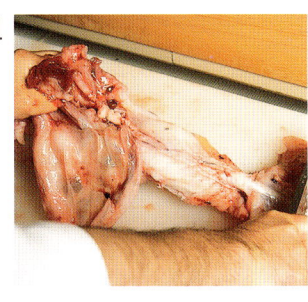

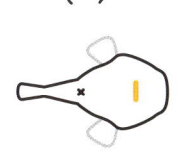

エラと一緒にカマと内臓が
引きはがされる。

22

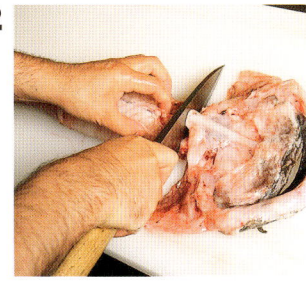

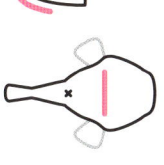

頭の骨を背骨から切り落とす。

23

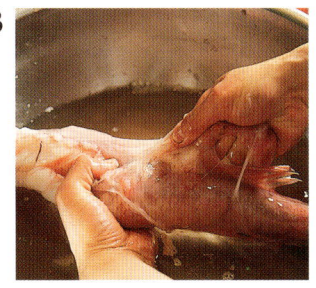

水を張ったボウルに移し、
身の表面の薄い膜をはがす。

24

大名おろしにする

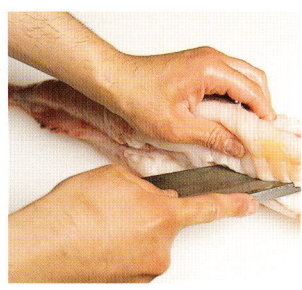

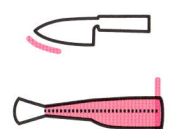

尾を左に腹を手前に置き、
背骨の上に包丁をあて、尾
に向かって左に水平に動か
し、一気に切りはずす。

25

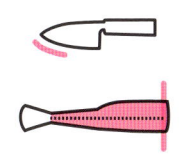

もう一方の片身も同様に大
名おろしで中骨からはずす。

1

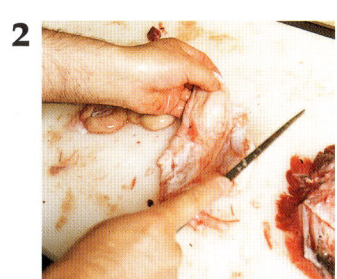

カマからエラと内臓を引き
はがす。

2

内臓からエラを切りはずす。

3

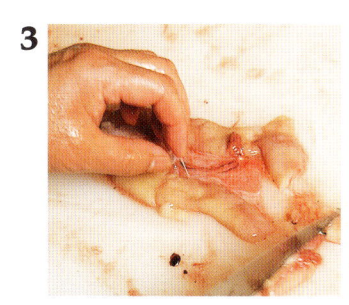

腸を切り開き、中身をしご
き出す。

4

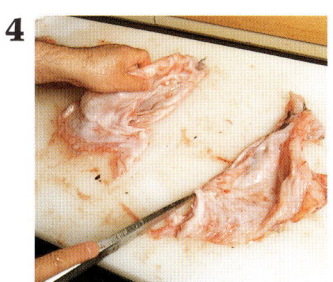

中身をよくしごき出してか
ら、胃を二つに切る。

5

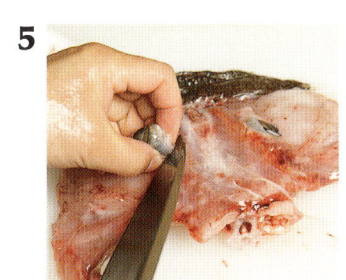

頭から目を切り取る。

6

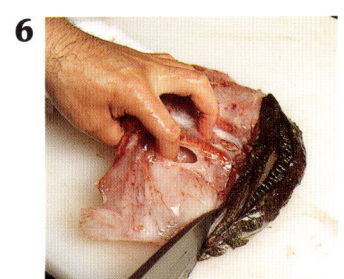

頭から皮のついた唇の部分を切り落とす。

7

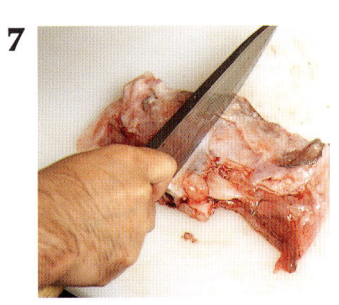

頭の骨を縦半分に切り分ける。

8

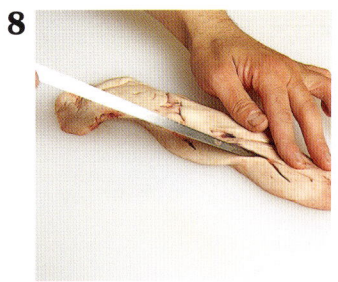

あん肝の血管を包丁の刃先で切り開く。

9

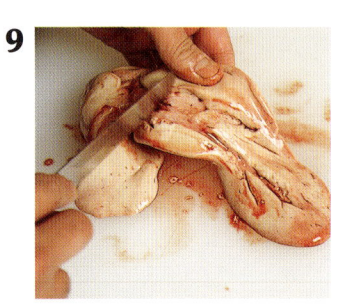 

金べらでこすって血をしごき出す。1.5％の塩水を張ったボウルに1時間入れて血を抜く。

10

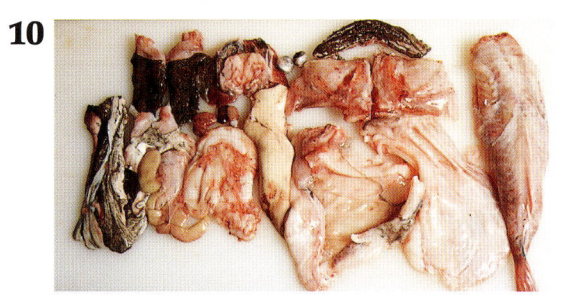

下処理の終わった内臓とアンコウの身。

紡錘形の魚

泳ぐのがもっとも得意な魚で、
肉質は赤身なのが特徴です。
魚体が大きいうえにその形から、
おろした後の身が割れやすく、
取り扱いにはやや気を遣います。

鰹

担当／遠藤十士夫

［カツオ］

英 bonito

仏 bonite

伊 tonnetto/bonito

中 鰹魚

◎背ビレから胸ビレにかけての硬いウロコは、皮ごとそぎ取る。

◎カツオの背ビレは非常に硬いため、先に取り除いておく方法もあるが、中骨に背ビレを付けたままでおろしたほうが、身割れしにくい。

◎下身は皮目を下、中骨側を上にしてまな板に置いたまま、背骨からはずす。

◎三枚におろした後、身割れしないように片身の血合いの部分に一筋切り込みを入れておく。

紡錘形の魚｜かつお

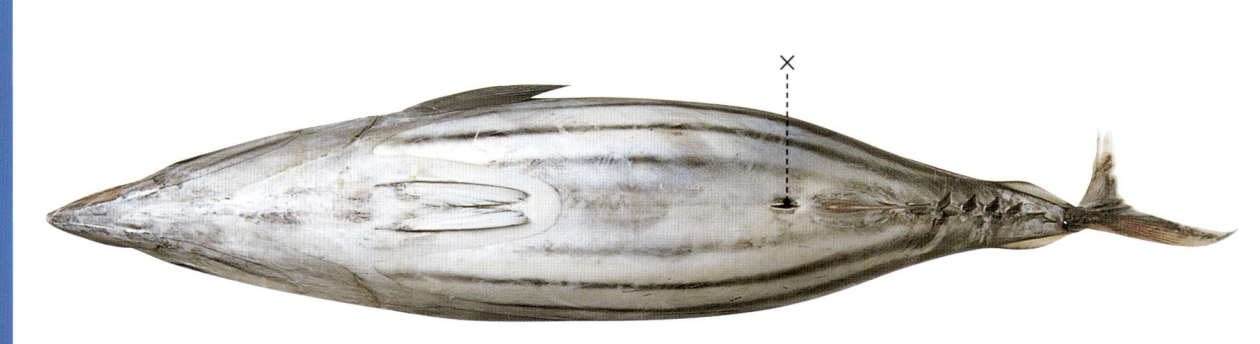

片面おろし

1
エラと内臓を除く

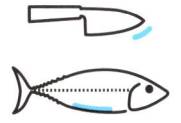

頭を右にして置き、尾を左手でつかむ。肛門から逆さ包丁で、出刃包丁の刃先を入れ、腹ビレのあたりまで腹を切り開く。

2

両手で左右のエラぶたをこじあける。

3

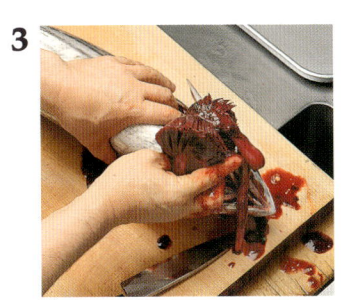

左手で魚体を軽く押さえながら、右手でエラをつかんで引っ張り出す。

4

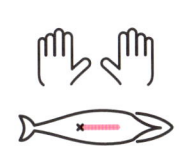

腹の中に両手を差し入れて、内臓を引っ張り出す。

5
水洗いする

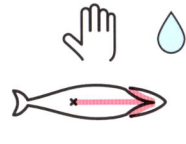

流水の下で、腹の中の血や汚れをきれいに洗い落とす。身を傷つけないためにササラは使わず、指で血ワタをこそげ落とす。

6

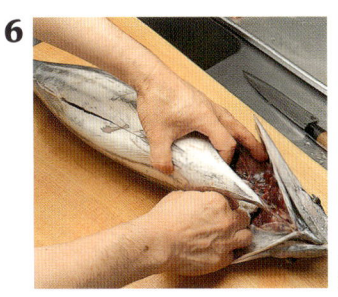
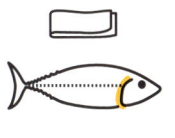

ふきんでエラぶたの中の水気をふき取る。

7

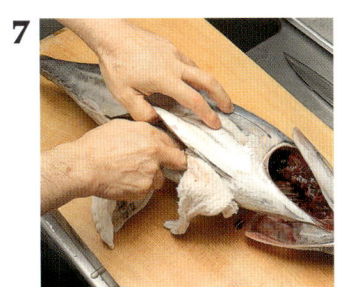
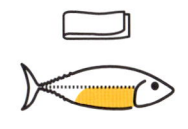

腹の中の水気も、ふきんでよくふき取る。

8

ペーパータオルなどを丸めてエラぶたの中に差し込み、残っている血をしっかりとふき取る。こうすると生臭くならない。

9
片身をはずす

頭を右、腹を手前にして置き、左手で尾を持つ。包丁を左にねかせて、背ビレ付近のウロコを皮ごとそぎ取る。

10

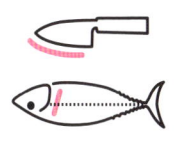

頭を左、背を手前に置き換える。左手で胸ビレを持ち上げ、ヒレのきわ（カマ下）から斜めに包丁を入れる。

11

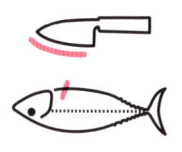

左手で腹ビレを持ち上げ、腹を開いた切り目まで切り込む。

12

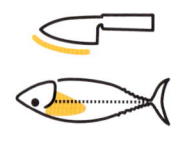

左手で胸ビレを持って魚体を押さえる。包丁を右にねかせて、胸ビレ付近のウロコを皮ごとそぎ取る。

13

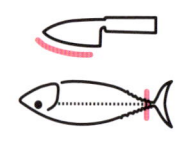

尾の付け根に縦に、背骨に届くまで切り目を入れる。

14

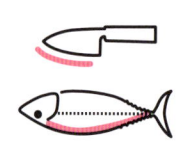

尾の付け根から背ビレにそって、頭の付け根まで切り目を入れた後、もう一度、尾のつけ根に刃先を入れる。

15

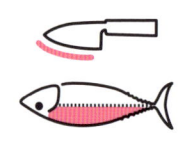

中骨の上をすべらせるようにしながら、さらに奥まで刃先を入れて、エラぶたの上まで切り開いていく。

16

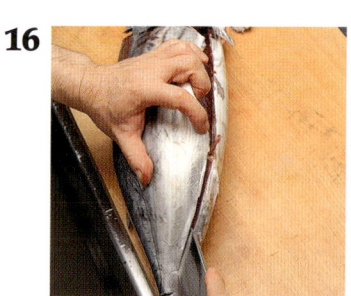
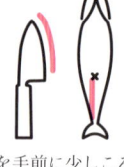

魚体を手前に少しころがして腹を上向きにし、左手で軽く押さえる。肛門から尾の付け根まで腹を切り開く。

17

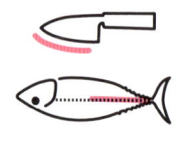

尾の付け根に入れた切り目から包丁を入れる。包丁を右にねかせて、背骨にそって切り進める。

18

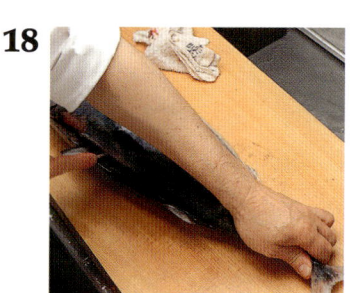
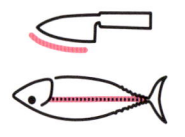

途中まで切り開いたら、左手で尾の付け根を押さえながら、頭に向かって背骨の上をすべらせるように包丁を進める。

19

これで片身がはずれた。もう一方の片身をすぐに使わない場合は、頭と中骨を付けたまま保存する。

20 頭を落とす

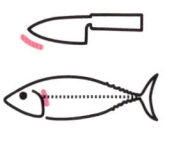

魚体を裏返し、頭と背骨の接合部を切り離す。

21

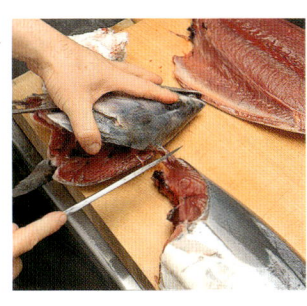
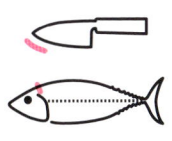

左手で頭を持ち、背側の身の頭との付け根を切り離す。

22

もう一方の片身をはずす

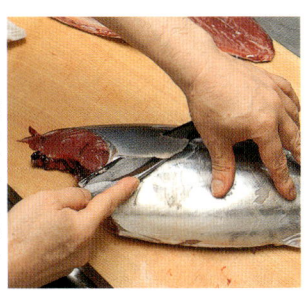
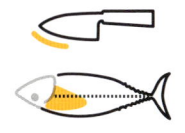

包丁を右にねかせて、胸ビレ付近のウロコを皮ごとそぎ取る。

23

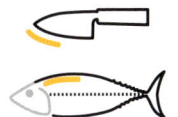

そのまま背ビレ付近のウロコも同様にしてそぎ取る。

24

左手で軽く魚体を押さえながら、尾の付け根から腹に切り入れ、中骨の上をすべらせるように包丁を進める。

25

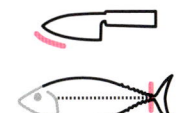

尾の付け根に背骨に届くまで、縦に切り目を入れる。

26

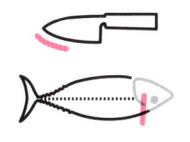

尾を左、背を手前に置き換える。包丁を右にねかせて、肩口から中骨の上に刃先を入れる。

27

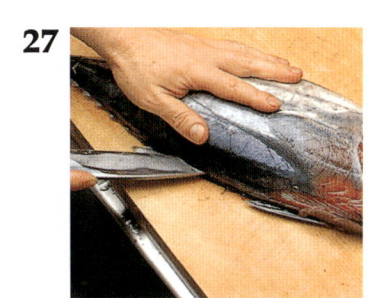
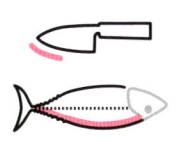

そのまま尾の付け根に向かって、中骨の上をすべらせるように包丁を進める。

28

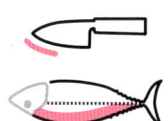

皮目を下、尾を右に置き換える。左手で背ビレをつまんで持ち上げるようにして、背側に入れた切り目にさらに切り込む。

29

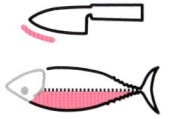

そのまま肩口まで、中骨の下をすべらせるように包丁を進め、さらに奥まで切り込む。

30

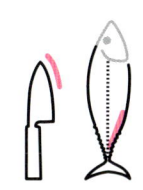

尾を手前に置き換える。尻ビレを左手でつまみ、その付近の中骨をめくり上げ、尾の付け根まで切り開く。

節に取る

31

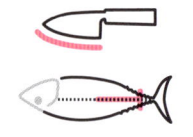

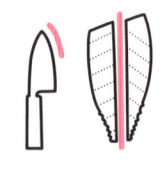

尾を右に置き換える。包丁を右にねかせ、尾の付け根から中骨の下に切り入れ、左手で尾を持ちながら身と中骨を切り離す。

32

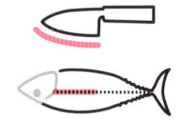

そのまま、中骨の下をすべらせるように切り進めて、もう一方の片身から一気に中骨をはずす。

33

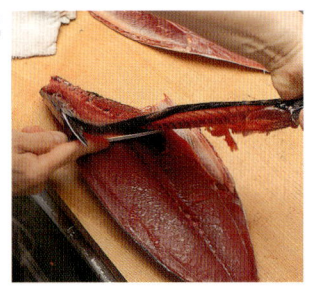

腹骨の上に付着している血ワタ（水洗いの時に取り残したもの）をそぎ取る。

34

身割れしないように、片身の中央の血合いの部分にそって、一筋切り込みを入れる。血合いは腹身の側に残すようにする。

35 下身を節に取る

中央に一筋入れておいた切り込みに包丁を入れて、背身と腹身とに切り分ける。

36

背身の形を整える。

37

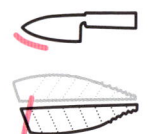

腹身の肩口のあたりには小骨があるので切り取る。

38

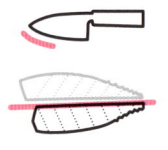

背身との間の血合いの部分を切り取る。

39

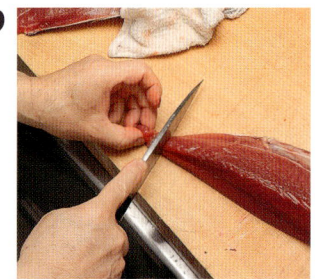

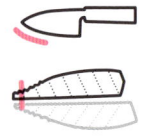

尾のほうの端の形を整える。

40

腹骨を取る

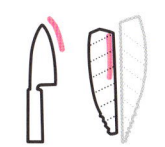

腹身を尾を手前にして置く。包丁を右にねかせて刃先を腹骨の付け根に切り入れ、腹骨の流れにそってそぎ切る。

41

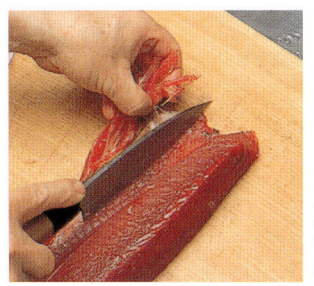

端までいったら包丁を立てて腹皮を引いて切り、腹骨を取る。

42

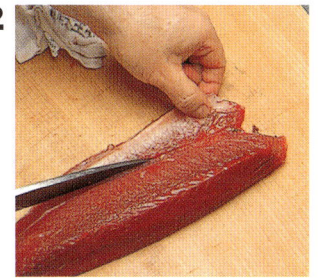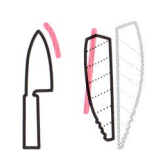

ハラス（腹簫）を切り取る。

43

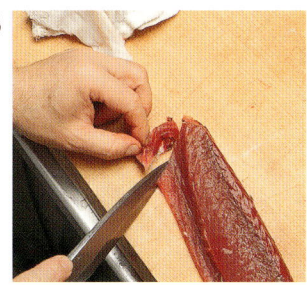

肩口のハラスにつながる部分にも小骨があるので切り取る。

44

上身を節に取る

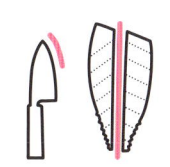

もう一方の片身も、血合い部分で背身と腹身とに切り分ける。

45

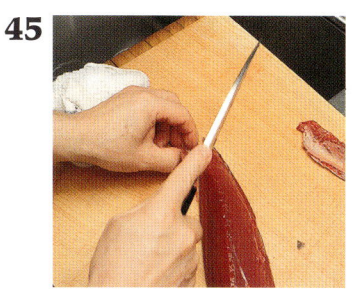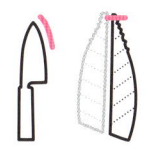

背身の形を整える。

46

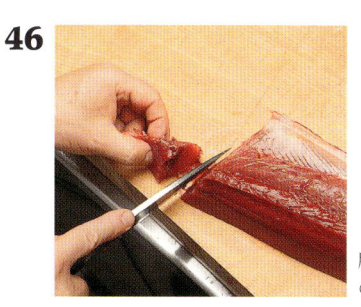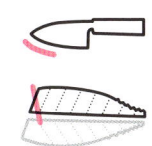

腹身の肩口のあたりの小骨のある部分を切り取る。

47

腹骨を取る

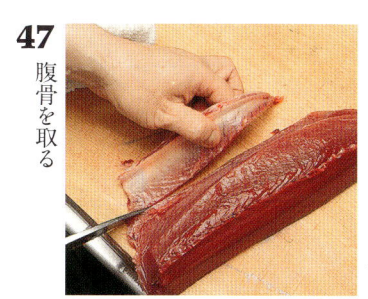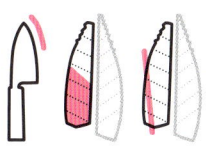

腹骨をそぎ切りにして取り除いた後、ハラスを切り取る。

48

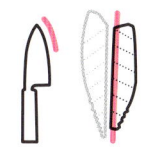

腹身の血合い部分を切り取る。

49

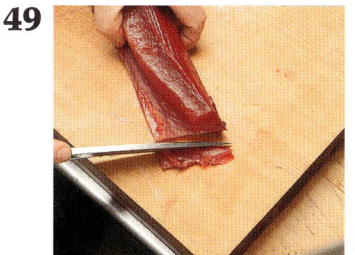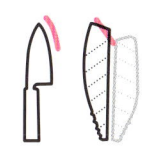

肩口のハラスにつながる、小骨のある部分を切り取る。

鰤

担当／遠藤十士夫

［ブリ］

🇬🇧 yellowtail/amberjack

🇫🇷 sériole

🇮🇹 seriola

🇨🇳 五条鰤

◎ウロコは非常に薄く細かいので、柳刃包丁ですき引きにする。

◎すき引きにする時は、包丁がなめらかにすべるように表面を水でぬらしておく。

◎内臓とエラは、頭を落とす前に取るほうが取りやすい。

◎頭はカマ上で切り、頭とカマは別々に調理するのが基本。

◎腹の中の血ワタは生臭いので、ササラなどでしっかりと洗う。

紡錘形の魚｜ぶり

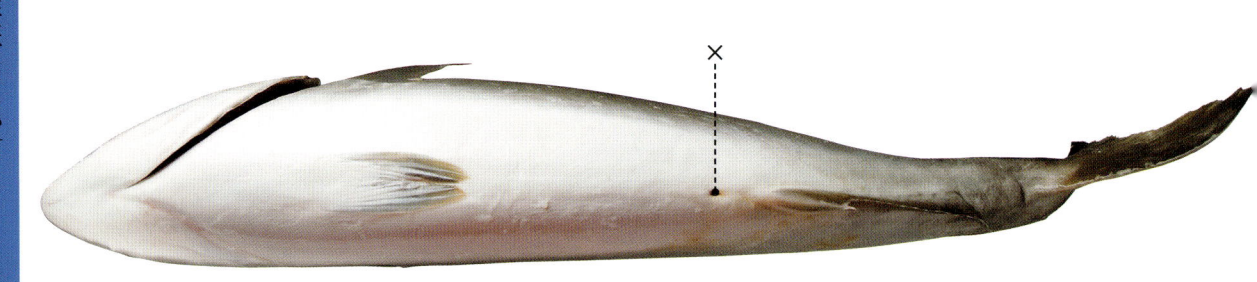

両面おろし

1

ウロコをすき引きにする

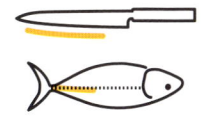

頭を右に向けて置き（反対側から撮影）、皮をぬらしておく。柳刃包丁を左にねかせて、逆さ包丁で尾から頭に向けてウロコを引く。

2

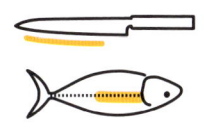

ウロコと皮の間に刃先を入れ、皮を傷つけないように薄く、ウロコをすき取っていく。すべる時は、ぬれタオルなどを敷くとよい。

3

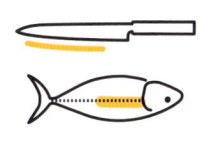

押さえている左手で、すいていく部分の身を軽く起こすようにすると、引きやすい。

4

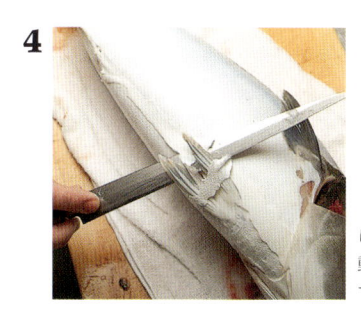
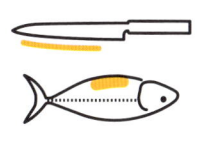

ヒレのきわのウロコはすきにくいので、包丁を細かく動かしながら、ていねいにすき引きにする。

5

内臓を取り出す

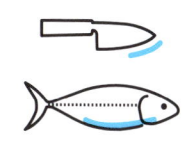

ここからは出刃包丁を使う。逆さ包丁で肛門から刃先を入れ、頭に向かってまっすぐに腹を切り開いていく。

6

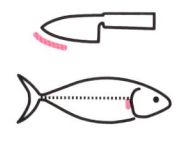

喉元まで切り開いたら、包丁を持ち換えて、腹の内側の内臓の付け根を切る。

7

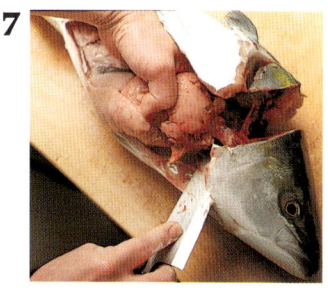
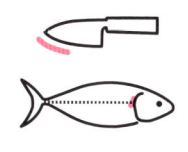

エラと内臓の付け根も包丁で切り、左手で内臓をつかんで引き出す。

8

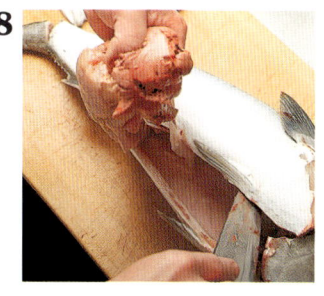

右手に持った包丁で魚体を固定し、そのまま左手で引っ張ると、内臓がきれいに引きずり出される。

9

エラを取り出す

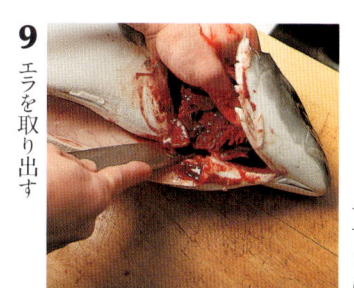
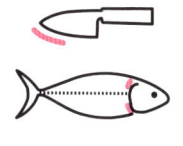

エラぶたをこじあけて左手でエラをつかみ、刃先を差し込んで、手前のエラの付け根を切る。

10

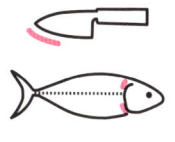

さらに奥まで包丁を差し込み、えぐるようにして裏側のエラの付け根も切る。

11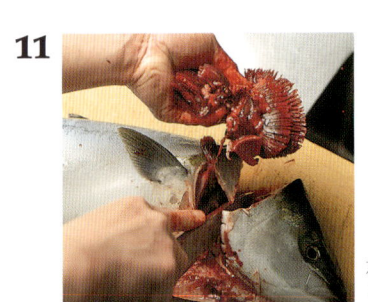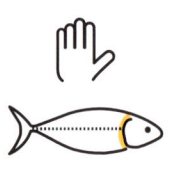

左手でエラを引っ張って取り出す。

16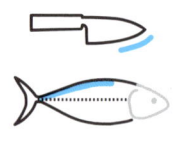

尾の付け根に入れた切り目から、逆さ包丁で背ビレにそって切り目を入れていく。

12 水洗いする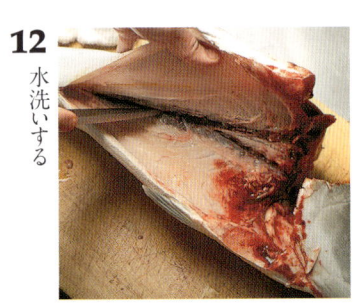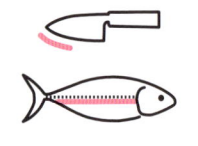

左手で腹身を持ち上げて、背骨の部分に付着している血ワタを包丁でこそげ落とす。背骨の裏側もていねいに刃先でかく。

17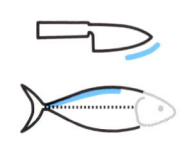

そのまままっすぐに、頭の付け根まで背に切り込みを入れる。

13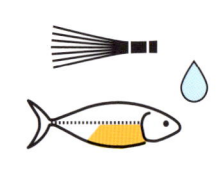

流水にさらしながら、ササラを使って腹の中の血や汚れをきれいに洗い落とし、ふきんで水気をよくふき取る。

18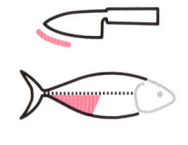

肛門から尾の付け根に入れた切り目の部分にかけて、中骨にそって背骨に届くまで刃先を切り入れ、腹側を切り開く。

14 カマ上で頭を落とす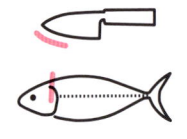

頭を左に、腹を手前に置く。左手でエラぶたを持ち上げ、カマ上に包丁を入れて頭を切り落とす。

19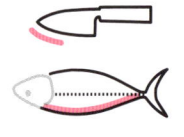

頭を左、背を手前に置き直す。尾の付け根から、背ビレにそって入れた切り目に刃先を入れ、さらに奥まで切り開いていく。

15 三枚におろす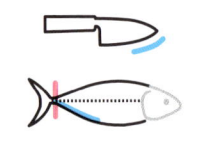

尾を左、腹を手前に置き換える。尾の付け根に縦に切り目を入れ、ここから逆さ包丁で肛門まで切り開く。

20

中骨の上をすべらせるようにしながら、まっすぐに包丁を進めていく。

21

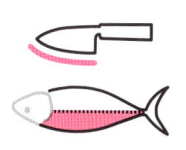

再び尾の付け根から包丁を入れ直し、背骨に届くまで刃先を切り入れ、背側の片身を骨からはずしていく。

22

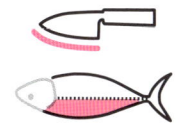

左手で尾の付け根を押さえ、もう一度包丁を入れ直し、一気に頭側に切り進め、背側の片身を中骨から切り離す（反対側から撮影）。

23

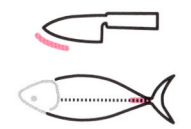

背側の尾の付け根がまだ背骨に付いているので、包丁を左にねかせて刃先で切り離す。

24

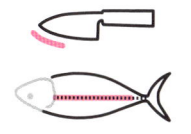

切り離した尾の付け根を左手で持ち、包丁を右にねかせて、背骨の上をなでるようにして、片身を背骨から切り離す。

25

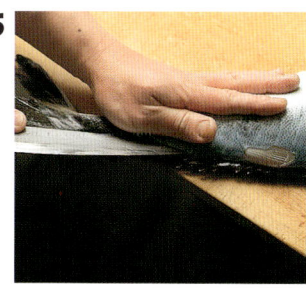
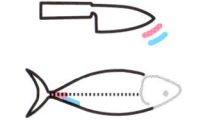

裏返して尾を左に置き、尾の付け根に背骨に届くまで縦に切り目を入れ、そこから逆さ包丁で刃先を背に切り入れる。

26

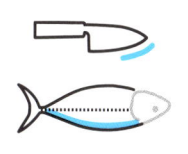

中骨の上をすべらせるようにしながら、背ビレにそって頭の付け根まで包丁を進める。

27

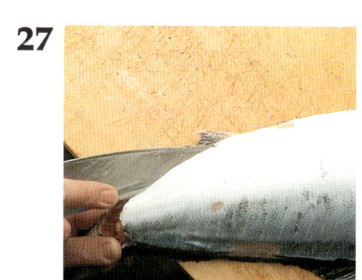
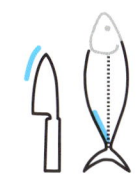

左手で尾を押さえ、尾の付け根に入れた切り目から尻ビレまで、逆さ包丁で切り目を入れておく。

28

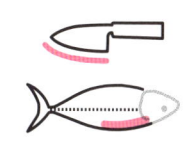

包丁を右にねかせ、**26**で付けた切り目の頭のほうから、刃先が背骨に届くまで切り入れ、背ビレにそって切り進めていく。

29

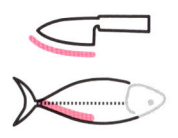

そのまま中骨の上をすべらせるようにしながら、尾の付け根に入れた切り目まで、一気に切り開いていく。

30

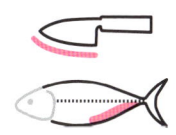

尾を右に置き直す。**27**で尻ビレまでつけた切り目から背骨まで刃先を差し入れ、中骨の上をすべらせるように包丁を進める。

31

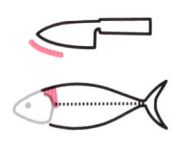

頭の付け根部分の身と背骨との接合部を、少し力を入れて切り離す。

36

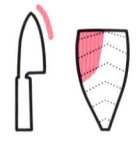

端までいったら包丁を立てて腹皮を引いて切り、腹骨を取る。

32

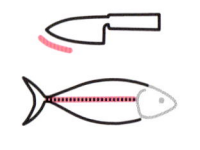

包丁を左にねかせ、背骨の上をなでるように尾の付け根に入れた切り目まで包丁を進め、背骨からもう一方の片身をはずす。

37
節に取る

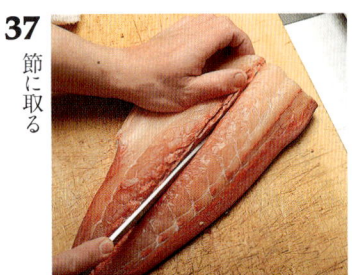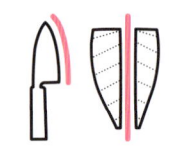

身の中央に走る赤い血合いの部分にそって、背身と腹身とに切り分ける。血合いは腹身の側に残すようにする。

33

上身、中骨、下身の三枚におろし終えた状態。頭は後に処理する。

38

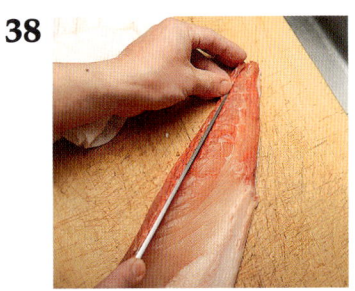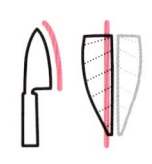

腹身に付いている血合いを切り取る。

34
カマを取る

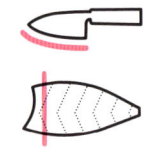

尾を右、皮目を上に置き、胸ビレのすぐ下から垂直に包丁を入れ、カマをまっすぐに切り落とす。

39

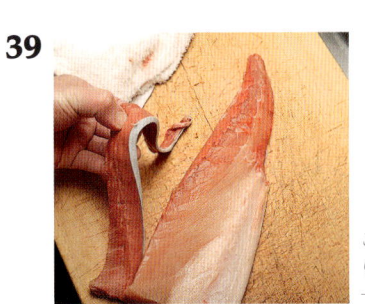

こうして血合いをきれいに切り取れば、小骨のある部分も一緒に取ることができる。

35
腹骨を取る

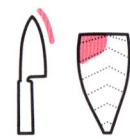

裏返して尾を手前に置く。包丁を右にねかせて刃先を腹骨の付け根に切り入れ、腹骨の流れにそってそぐように切り進める。

頭をさばく

1

頭を割り、ぶつ切りにする

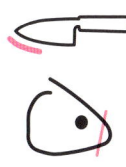

出刃包丁で口の先端をまっすぐに切り落とす。

2

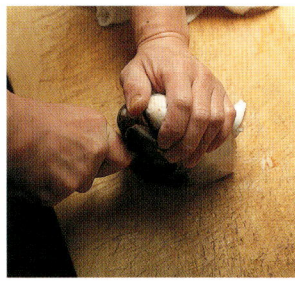

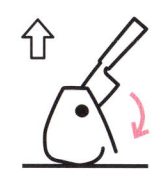

頭の上部を手前にして立て、口の真ん中に刃先を入れて、頭の上部から一気に下まで切りおろす。

3

顎を下、口先を向こうに置く。先の切り目から包丁を入れて、顎を引き切って頭を二つに割る。

4

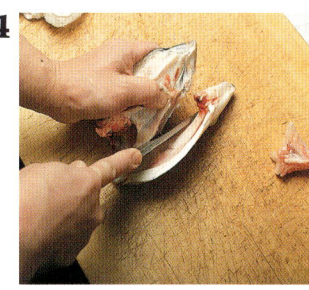

二つに割った頭をそれぞれ、さらに二つに切り、適当な大きさにぶつ切りにする。

鮪

担当／山本正明

［マグロ］

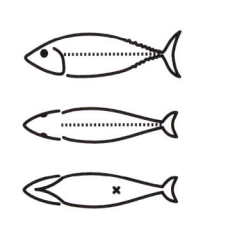
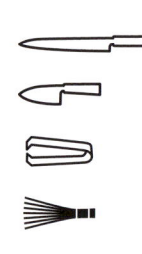

tuna

thon

tonno

金槍魚

◎血合いが残っていると身が褐変するので、きれいに切り取っておく。

◎よい歩留まりのさくが取れるように切り分ける。

◎長時間空気にふれると褐変しやすいので、さくに取るのは最小限度にとどめる。

◎小型のマグロは内臓と頭を除いて水洗いしたら、逆さにつるして血抜きする。

紡錘形の魚｜まぐろ

ブロックのクロマグロをさくに取る

紡 錘形の魚｜まぐろ

1

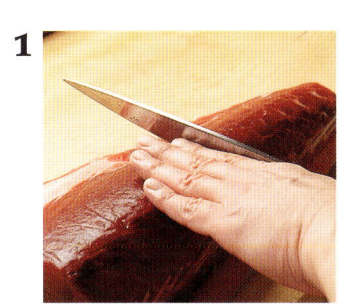

マグロのブロックはさくに取る前に、指を軽くのばした手をあてがい、切る幅を決める。この指四本分の手の幅を「一タケ」という。

6 腹身のナカをさくに取る

身の厚さがさくに取った時の幅になるように、柳刃包丁をまな板に水平にねかせてテンパ（背骨近くの赤身）と呼ぶ上部を切り取る。

2 血合いを切り取る

五枚におろして、さらに切り分けたマグロ（写真は腹身のナカ）。左側の黒ずんだ部分が血合いで、まずこれを取り除く。

7

刺身に切る厚さに合わせて、さくに取る幅を決め、柳刃包丁を垂直に入れる。

3

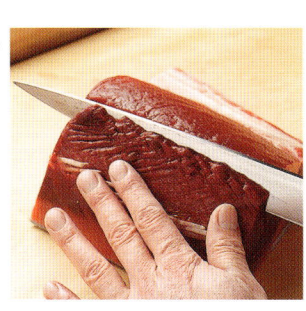

柳刃包丁で血合いと赤身の境目をえぐるように切り進める。血合いを残してはいけない。

8

皮にあたるまで切り進んだところで、逆さ包丁にして刃をねかせ、左端から皮のすぐ上を切り、さくに取る。

4

血合いをはがすようにして切り取る。血合いが残っていると血生臭さと褐変のもとになるので、きれいに切り取る。

9

順に垂直に切り目を入れては、逆さ包丁にして刃をねかせ、左端から皮の上を切って、さくに取ることをくり返す。

5

出刃包丁に持ち換えて、腹腔の膜をきれいにそぎ切って取り除く。

10

マグロは空気に長時間ふれると、身が黒く変色してしまうので、当面使う分量をさく取りする。

11

残った皮はまな板の端を利用して切り落とす。保存する場合は、ペーパータオルなどで包み、冷蔵庫に入れておく。

12 大トロをさくに取る

小さいブロックの大トロの部分は、皮ごと切り分け、二本のさくに取る。

13

皮を下にして置き、包丁をねかせて皮のすぐ上にあて、そのまま引き切ってさくに取る。

14

皮を引いた大トロのさくと皮。大トロも大きい塊の場合は、ほかの塊と同様、造りにする時の大きさを考え、さくに取る。

1 内臓とエラを取る

水で洗ったメジマグロをまな板にのせ、エラぶたを左手で押し開き、出刃包丁の切っ先を差し入れてエラの両端を切る。

2

顎下に切り込みを入れ、腹の中央を尾のほうへまっすぐに切り開く。

3

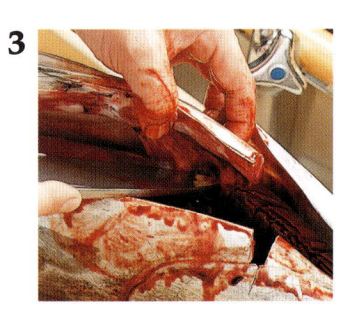

左手で腹を開きぎみにし、切っ先を差し入れて内臓をつないでいる筋を切り離す。

4

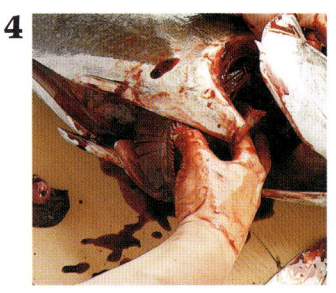

手でエラと内臓を一緒に持ち、そのまま腹から引き出す。

5 水洗いする

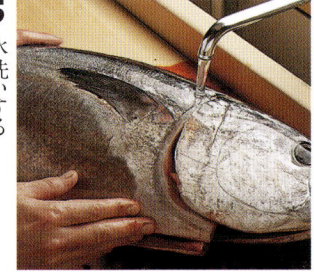

内臓を抜いたら、流水で血や汚れをきれいに洗い流す。

6

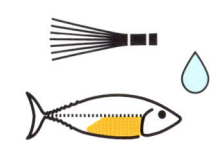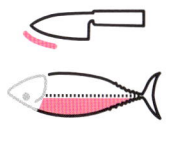

腹に手を差し入れ、ササラなどを使って血ワタなどをかき出し、流水できれいに洗い流す。

7　頭を落とす

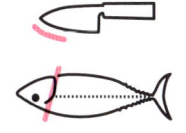

左手でエラぶたを持ち上げるようにして包丁を斜めにして頭をたすき切りにする。落とした後、流水のもとで再度きれいに洗い流す。

8　血抜きする

尾の付け根にひもをかけて上からつるし、そのまま一時間ほどおいて血抜きをする。

9　三枚におろす

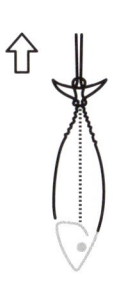

血抜きをすませたら、頭を右、腹を手前にして置き、片身をおろす。腹腔から尾にかけての身を中骨にそって背骨まで切る。

10

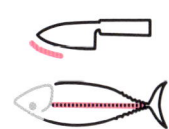

尾を持って半回転させ、背ビレにそって切り込み、そのまま中骨の上を背骨まで切り進める。

11

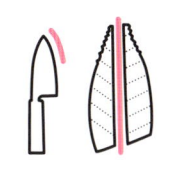

頭のほうへ刃を向けた包丁を尾の付け根に刺し通し、左手で切っ先を持ち、背骨の上を頭のほうへ勢いよく引き切る。

12　節に取る

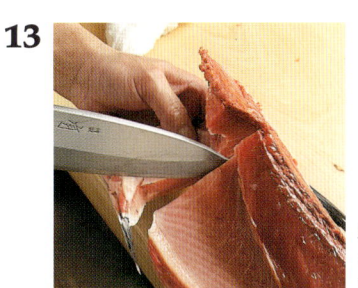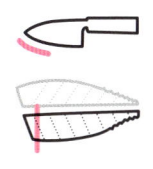

片身を血合いのところで縦に切り分け、背身と腹身に分ける。

13

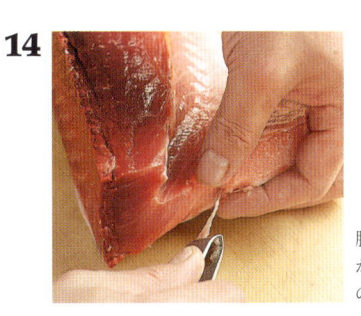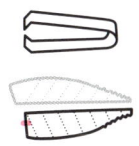

腹身を皮を下にして置き、カマのすぐ下に包丁を垂直に切り入れて切り離す。

14

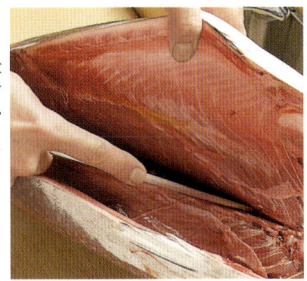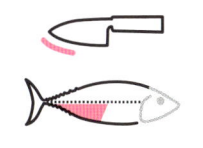

腹身の途中に一本の太い骨が身に刺さるようにしてあるので、骨抜きを使って抜く。

15

 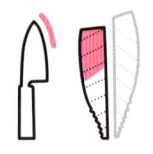

腹骨を取る

腹身に付いている腹腔の膜をそぎ切る。

16

 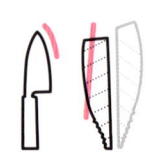

腹腔の膜を切り、最後に包丁の刃を立てて切り取り、切り口をきれいにさせる。

17

 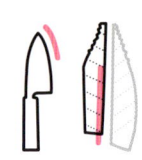

腹身をさくに取る

腹身に付いている血合いを包丁できれいにはがすように切り取る。

18

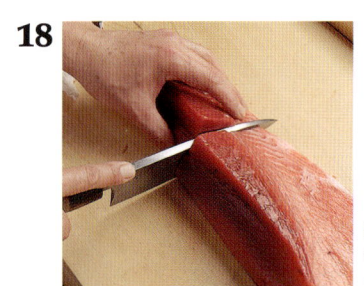 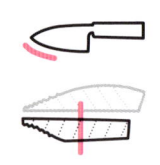

腹身をカミとシモの二つに切り分ける。大きい節なら、カミ、ナカ、シモに分ける。

19

  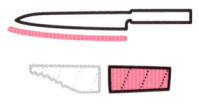

腹カミの厚みから、さくに取る大きさを判断し、柳刃包丁をまな板と水平にして、テンパを切り、上下二つに分ける。

20

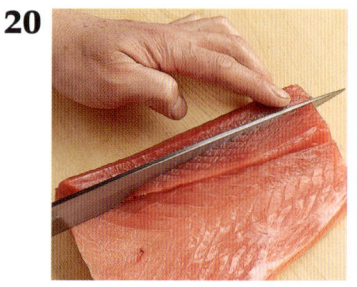 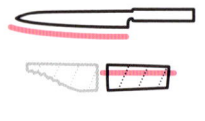

次に腹カミをさくに取る。刺身に切った時の厚みを考えて切る幅を決め、垂直に包丁を入れる。

21

 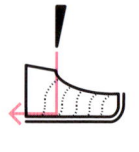

包丁が皮にあたったら、そのまま刃をねかせ、皮から切り取る。

22

さくに銀皮が付いていたり、切り残したところがあれば、切り取って成形する。

23

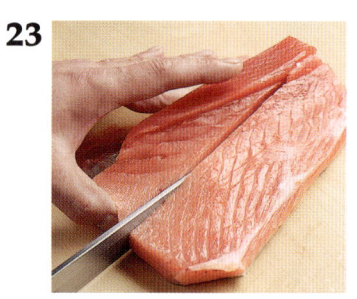

さらに腹カミをさくに切り出す。メジマグロなので腹カミといっても、まだ脂ははっきりとのっていない。

特に平たい魚

ここで扱うのは身が薄く、
横幅のある魚です。
五枚におろすヒラメは特異な例ですが、
普通は何度かに分けて包丁を入れて、
少しずつ中骨から身をはずすことになります。

平目・鰈

担当／津田 愼

[ひらめ]　[かれい]

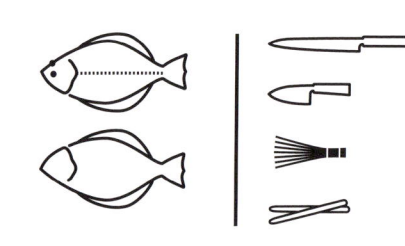

🇬🇧 flatfish

🇫🇷 carrelet

🇮🇪 rombo

🇨🇳 比目魚

◎ヒラメやカレイの表面にはぬめりがあってすべりやすいので、おろしにくい時は、ふきんなどで押さえたり、ふきんをまな板に敷いて、その上でおろすとよい。

◎ウロコは非常に小さく薄い上に、深く重なり合っているので、柳刃包丁ですき引きにする。

◎五枚おろしにする時、身をめくるようにしながら包丁を進めるとおろしやすい。

特に平たい魚｜ひらめ・かれい

五枚おろし

1 ウロコをすき引く

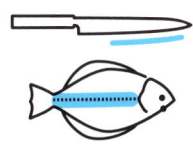

頭を右、表身（黒皮）を上にして置く。柳刃包丁を左にねかせ、逆さ包丁で、尾のほうから皮とウロコの間に刃先を入れる。

2

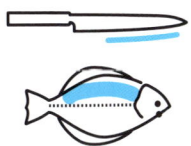

まず背骨に近い部分をすき、だんだんにヒレに近い部分へと包丁を進めていく。

3

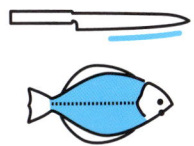

身に傾斜のある部分は、左手で身を持ち上げるようにして皮のたるみをなくしてやると、引きやすい。

4

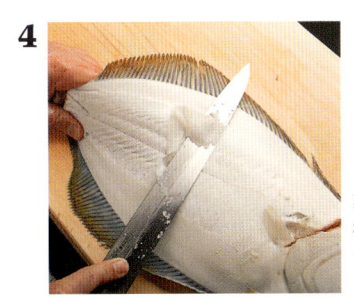
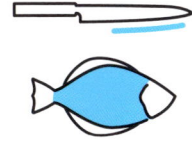

裏身（白皮）のウロコも、同様にしてすき引きにする。ヒレのきわのウロコはすきにくいので、ていねいにすく。

5 頭を落とす

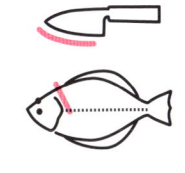

頭を左、表身を上に置き換え、胸ビレの付け根に出刃包丁の刃先を入れる。

6

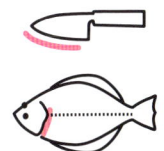

そのままエラぶたにそって、斜めに深く切り込みを入れる。内臓を傷つけないように注意。

7

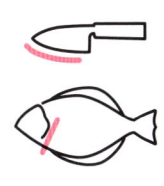

裏返して裏身を表にして、胸ビレの付け根に切り込む。

8

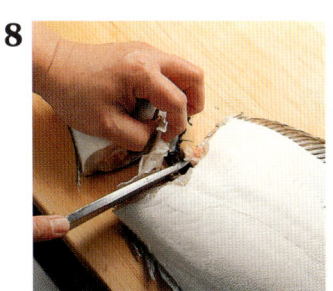
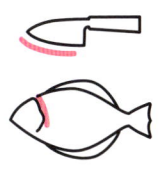

そのままエラぶたにそって斜めに切り入れ、頭を切り落とす。

9 内臓を取り出す

右手で尾を押さえ、左手で内臓をつかみ、つぶさないように注意して引っ張り出す。

10

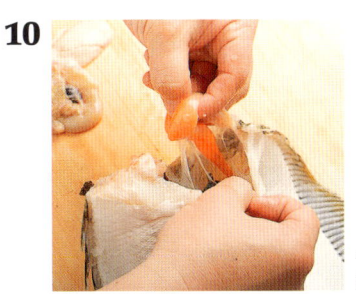

冬の産卵期には内臓の奥に卵が入っている。

11

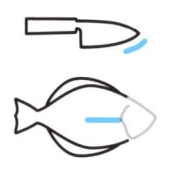

逆さ包丁の切っ先で腹の内側の背骨部分をこすり、血ワタをこそげ落とす。

12

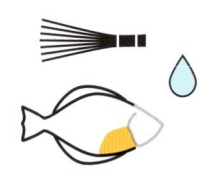

ササラを使って、血ワタや内臓が付いていた部分をていねいに洗い流す。

13

腹骨に食い込んでいる汚れは取りにくいので、菜箸などでほじくるようにしてたんねんに取る。ふきんで水気をふき取る。

14

エンガワをはずす

尾を左、表身を上にして置く。左手で尾を押さえ、尾のほうのエンガワと身の境目に逆さ包丁の切っ先を入れる。

15

そのままエンガワにそって、頭のほうに向かって、逆さ包丁で切り目を入れていく。

16

反対側のエンガワと身の境い目にも、切り目を入れる。

17

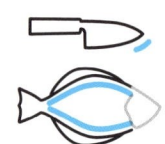

魚を裏返して、裏身のエンガワと身の境い目にも切り目を入れる。もう一方のエンガワの境い目にも、同様に切り目を入れる。

18

表身を上にして左手で尾をつかみ、エンガワと身の境い目につけた切り目の端に、包丁を切り込む。

19

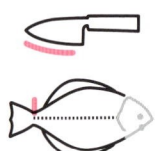

もう一方の切り目にも同様に、包丁で切り込みを入れる。

20

左手で少し切り離したヒレ（尻ビレ）の端をつかみ、軽く引っ張りながら、刃先を切り目にあてて切り離していく。

21

そのまま頭のほうまで、エンガワとヒレを一緒に切り離す。

22

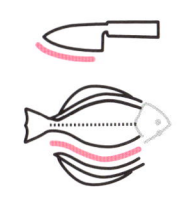

もう一方のエンガワも、同様にしてヒレ（背ビレ）とくっついた状態ではずす。

23

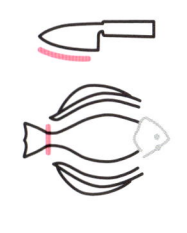

尾をまっすぐに切り落とす。

24

五枚におろし、節に取る

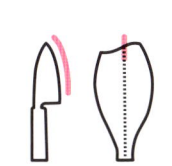

尾を手前、表身を上に置く。カマの端から、魚体中央の側線（背骨の真上）にそって、背骨に届くまで出刃包丁の刃先を入れる。

25

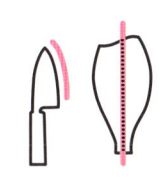

そのまま尾のほうの端まで、側線にそってまっすぐに、一気に切り進める。

26

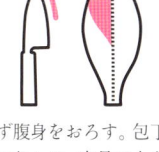

まず腹身をおろす。包丁を右にねかせ、中骨の上をなでるようにしながら、少しずつ腹身を中骨からはずしていく。

27

尾のほうに向かって、少しずつ包丁を進めていく。包丁を入れやすくするために、左手は腹身を外側に引っ張るように押さえる。

28

肩口にもどり、切り離した身を左手でめくりながら、何度か中骨の上をすべらせるように刃先を進める。

29

尾のほうも、切り離した身をめくりながら切り進める。

30

包丁を入れ直す時、きちんと中骨をなぞっていれば、切り口が汚くなることはない。

31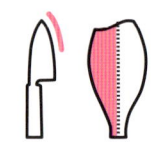

これで、表身の腹身がはずれる。切り離す時は、腹身を持ち上げずにていねいに刃先を進めると中骨に身が残らない。

36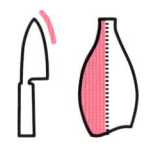

これで、表身の背身がはずれる。切り離す時は、背身を持ち上げずにていねいに刃先を進める。

32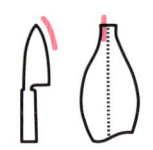

次に表身の背身をはずす。肩口を手前に置き直し、尾の付け根の背骨の部分から、刃先を入れる。

37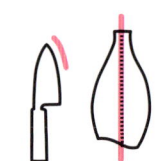

肩口を手前、裏身を上にして置き換える。尾の付け根の端から側線にそって背骨に届くまで、まっすぐに切り目を入れる。

33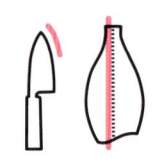

そのまま背骨の上をすべらせるようにして、肩口まで切り目を入れていく。

38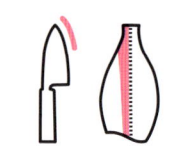

腹身をおろす。包丁を右にねかせ、中骨の上をすべらせるようにしながら、少しずつ腹身を中骨からはずしていく。

34

尾のほうから肩口に向かって、中骨の上をすべらせるようにして切り進める。

39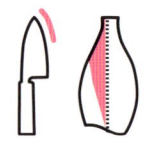

包丁が入りやすいように、腹側の身をめくりながら、さらに切り進める。

35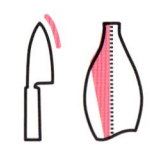

左手で切り離した身をめくり上げ、尾のほうからだんだんにはずしていく。

40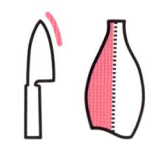

これで、裏身の腹身がはずれる。切り離す時は、背身を持ち上げずにていねいに刃先を進める。

41

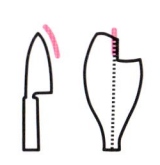

次に、裏身の背身をはずす。尾のほうを手前に置き直し、肩口の背骨の部分から刃先を入れる。

46

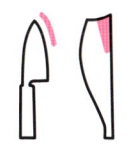

包丁を右にねかせて、腹骨の流れにそって、そぐように切り進める。

42

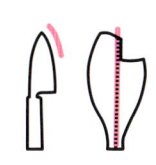

そのまま背骨の上をすべらせるようにして、尾の付け根まで切り目を入れていく。

47

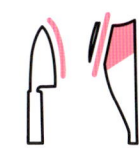

端までいったら、包丁を立てて腹皮を引いて切り、腹骨を取る。

43

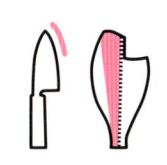

肩口から尾のほうに向かって、中骨の上をすべらせるようにして、少しずつ切り進めていく。

48

もう一方の腹身も、逆さ包丁で腹骨の付け根を切り、腹骨の流れにそってそぐように切り進める。

44

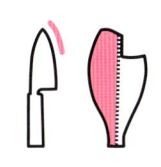

左手で切り離した身をめくりながら、さらに切り離していく。

49

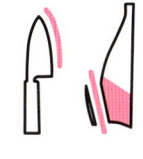

端までそいだら、包丁を立てて腹皮を引いて切り、腹骨を取る。

45

腹骨を取る

尾のほうを手前、皮目を下にして腹身を置く。逆さ包丁で、腹骨の付け根を切る。

鯧

担当／結野安雄

［マナガツオ］

silver pomfret

aileron argenté/stromatée

pampo

鯧魚

特に平たい魚｜まながつお

×

◎身は柔らかいうえ魚体が大きいので割れやすく、注意して扱う。

◎中骨もまた柔らかいので、身をはずす際に中骨まで切り込んで骨の下の身を傷つけないように気をつける。

◎腹骨が長いので一度にすべてかき取ろうとせず、骨を途中で切断し、二度に分けて切りはずす。

両面おろし

1
頭、内臓を除く

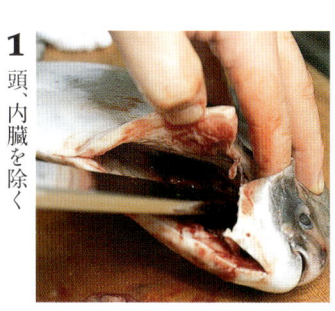
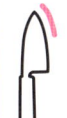

腹を切り開いた後、エラぶたからのど下に向けて縦に切り目を入れる。腹を開いてエラをはずし、内臓を切っ先でかき出す。

2

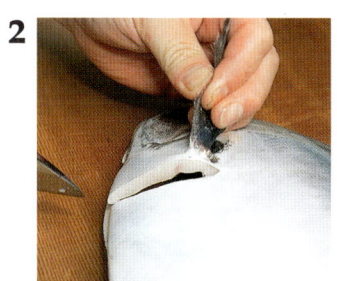

頭を左に、腹を手前に向けてまな板に置き、胸ビレの付け根からのど下に向けて斜めに切り目を入れる。

3

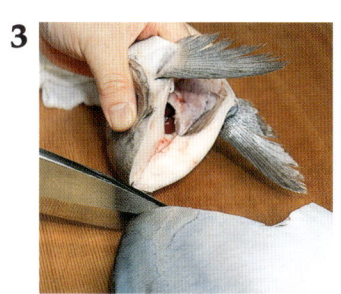
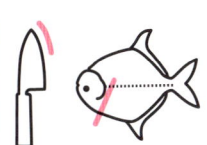

裏返して背を手前にして置き直し、胸ビレの付け根から頭頂部に向けて斜めに切り落とす。こうして頭をV字型にはずす。

4
片身をはずす

尾を左に、腹を手前に置き直す。中骨に切り込まないように気をつけながら、何回かに分けて水平に包丁を入れ、腹身をはずす。

5

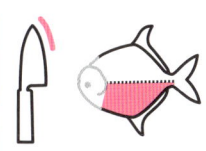

180度回して尾を右に、背を手前に置き直す。背身も腹身と同様に、何回かに分けて包丁を入れて切り進める。

6

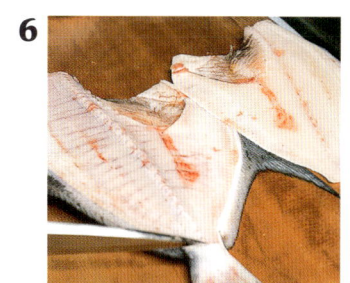
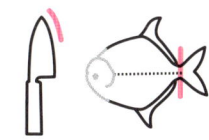

尾の付け根を縦に切ると片身がはずれる。

7

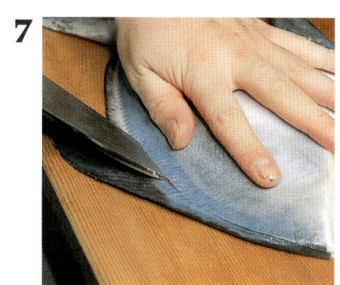

裏返して尾を左に、背を手前に置き、**4**・**5**と同様に背身を切り進める。身の曲線にそうように包丁を動かすとよい。

8

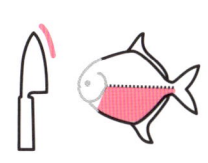

尾を右に、腹側を手前に置き直し、**7**と同様に包丁を入れる。背骨から身を切りはずし、尾の付け根を切ると片身がはずれる。

9
腹骨をかき取る

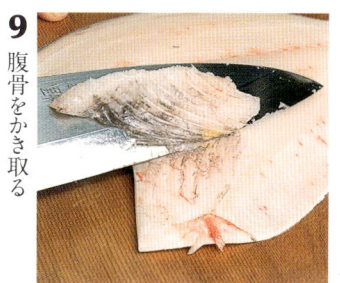
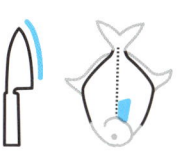

頭側を手前にまな板に置き、逆さ包丁で腹骨をかく。一度にすべて切りはずそうとせず、まず半分だけ切り取る。

10

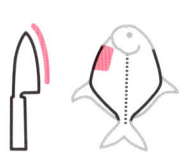

180度回して尾を手前にし、残り半分の腹骨をへぐようにして切り落とす。

太刀魚

担当／野﨑洋光

［タチウオ］

cutlass fish/
scabbard fish

ceinture d'argent/
sabre/trichiure

pesce sciabola/pesce
spatula/pesce
bandiera

刀魚/帯魚

特に平たい魚｜たちうお

◎魚体が長いのでいくつかにぶつ切りにしてから、それぞれをおろすとよい。

◎腹ぼの身が薄いので、腹骨を一度に切りはずそうとすると身が切れてしまう。そこ
　で腹骨を途中で切断するようにしてかき取り、身の薄い部分に切り残した骨は骨抜
　きで抜き取る。

ぶつ切りを両面おろしにする

1 頭、内臓を除く

 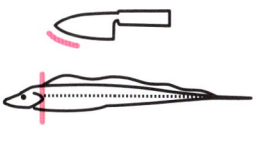

ウロコはないので全体を洗ったのち、頭を切り落とす。

2

 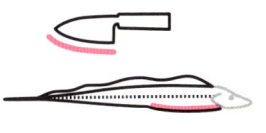

尾を左に、腹を手前に置き直す。身と平行にして包丁の刃を当てて、腹を浅く切る。

3

 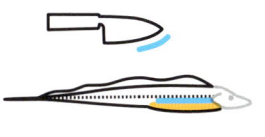

内臓をかき出したのち、逆さ包丁で背骨の付け根の膜に切り目を入れる。

4

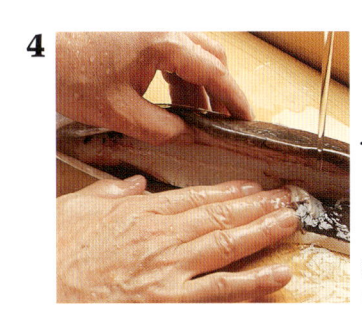 

流水で腹の中を洗い、血ワタを流し出す。

5 切り分けて片身をはずす

 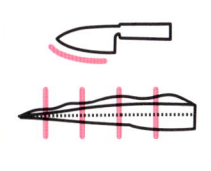

20cmほどの幅で切り分ける。

6 片身をはずす

魚と平行に包丁を当てて、中骨の上をすべらせるように腹身を切り進める。

7

魚を180度回して、背身を**6**と同様に切りはずすと片身がはずれる。

8

もう片方の身を中骨を下にしてまな板に置く。**6・7**と同様に腹身、背身の順で切り進め、中骨から身をはずす。

9 腹骨を除く

片身からへぐようにして腹骨を切りはずす。途中で刃をやや上に向け、すくい上げるようにして、腹骨を途中で切断する。

10

 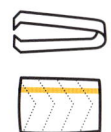

腹ぼの身の中にわざと切り残した腹骨を、一本ずつ骨抜きで抜き取る。

皮剥 _{担当／野崎洋光}

［カワハギ］

◎頭と内臓を一緒に切り落とし、肝のみ取り出して使う。

◎厚い皮を先にはぎ取ってから三枚におろす。

◎身質が硬いため、片身は魚の向きを変えずに一方からおろすことができる。

特に平たい魚｜かわはぎ

134

片面おろし

1 頭ごと内臓を除く

 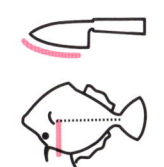

頭を左、背を手前にまな板に置き、胸ビレの下にある背骨から頭頂部に向かって包丁で切る。

2

 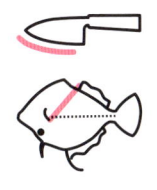

腹ビレの付け根からこの断面に向かって、皮に切り目を入れておく。

3

 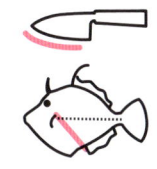

腹を手前にして裏返し、**2**の切込みの裏側に内臓を傷つけないように同様の切り目を入れる。

4

 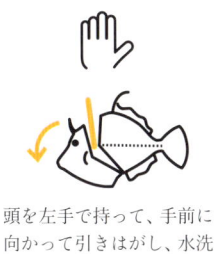

頭を左手で持って、手前に向かって引きはがし、水洗いする。

5

頭の断面に指を差し込んで肝をはずす。

6 皮をはがす

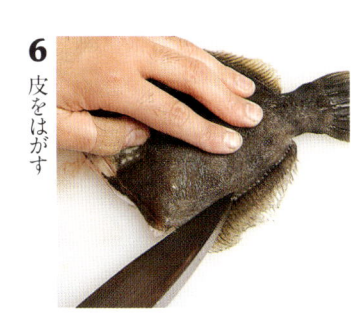 

腹を手前、尾を右に置き、尻ビレにそって皮に切り目を入れる。

7

 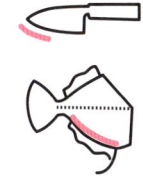

背を手前、尾を左に置き直し、背ビレにそって皮に切り目を入れる。

8

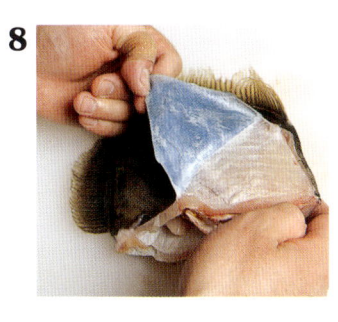 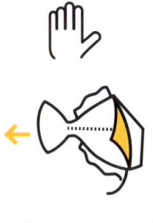

頭から尾に向かって皮を引きはがす。

9 片身をはずす

 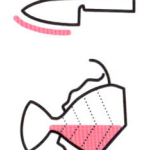

腹を手前、尾を左に置き、尻ビレの付け根から腹身に包丁を入れる。

10

 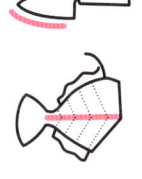

身をめくり上げて、背骨の上をすべらせるようにして腹身を骨から切りはずす。

11

さらに身をめくり上げて、背骨を越えて包丁を入れ、背身を中骨からはずす。

16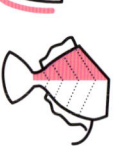

背骨を越えて腹身も中骨から切りはずす。

12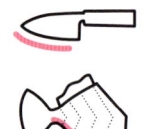

もう一方の片身をはずす

背を手前、頭側を右に置き、背ビレにそって背身に包丁を入れていく。

17

腹を手前、尾を右に置き、腹ビレの付け根に切り目を入れる。

13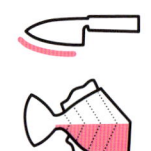

背身をめくり上げるようにして、中骨から切りはずす。

18

尾の付け根を切ると、片身がはずれる。

14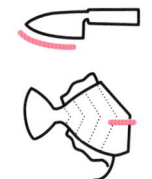

背身をめくり上げて、背骨の付け根のすぐ上に包丁を入れる。

19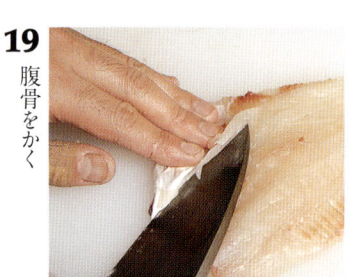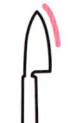

腹骨をかく

腹骨の付け根から少しずつめくるように切りはずす。

15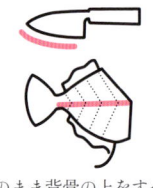

そのまま背骨の上をすべらせるようにして包丁を左に動かし、身を背骨から切りはずす。

20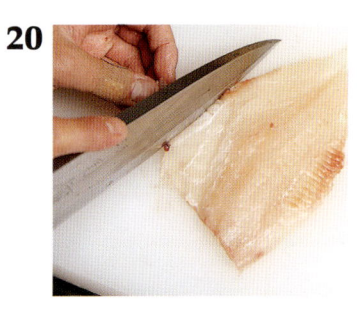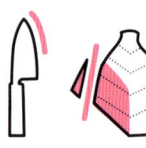

最後までめくれたら、包丁の刃を立てて腹骨を切り落とす。

特に長い魚

ヘビのように
身をくねらせて泳ぐことのできる魚です。
ウロコが退化してすべりやすいこともあり、
目打ちを頭に打ち込んで
まな板に固定して作業します。
腹から開くか、背から開くかなどで、
地方差があることでも知られています。

[アナゴ]

担当／平井和光

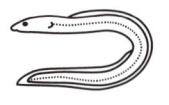
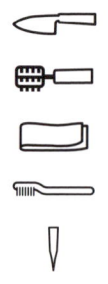

conger

congre/anguille de mer

grongo

星鰻

◎アナゴは身の表面にぬめりがあるので、手に塩をたっぷりと付けて、頭から尾のほうに向けて軽くしごくように取り除き、水洗いする。

◎一般に、関東では背開き、関西では腹開きにする。

◎背開きの場合、開いてから逆さ包丁で背骨の脇に切り目を入れ、中骨をへぐように一気に切り取る。こうすると、中骨に身が残らない。

特に長い魚｜あなご

背開きにする

1 ぬめりを取る

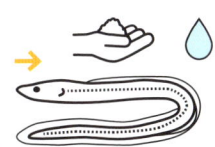

手に塩をたっぷりと付けて、頭から尾のほうに向かって軽くしごくようにして、表面のぬめりを取り、水で洗う。

2 目打ちをして開く

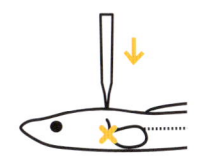

アナゴの頭を右、背を手前にして置く。エラの下あたりに、目打ちを打って固定する。

3

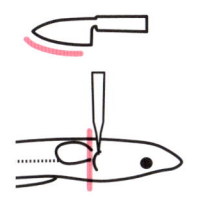

胸ビレのすぐ上の部分に、出刃包丁で縦に、中骨の下まで切り込みを入れる。

4

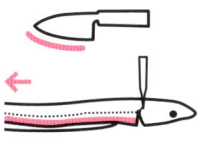

左手でアナゴの腹を押さえる。包丁を右にねかせ、切り込みに背側から包丁を入れる。中骨の上をすべらせるように切り進める。

5

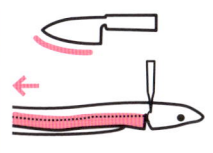

腹の皮一枚を残して背開きにしていく。この時、左手の人差し指で切っ先を押さえながら包丁と一緒に移動させるとよい。

6

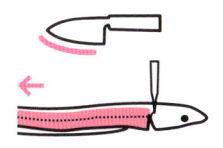

左手の親指で包丁の峰を押すような感じで進めると、包丁がスムーズに動く。そのまま一気に、尾の付け根まで切り開く。

7 内臓を除く

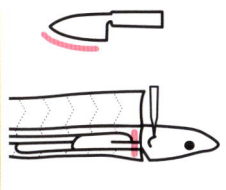

頭のすぐ下の、内臓の付け根を包丁で切る。

8

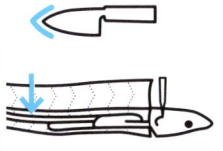

逆さ包丁にして、刃先を内臓の下に差し込んで持ち上げ、左手で内臓をつまむ。

9

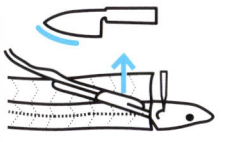

左手で内臓を引っ張りながら刃先で引きはがす。この時、苦玉（胆のう）をつぶさないよう注意する。尾のほうの付け根も包丁で切る。

10 中骨を取る

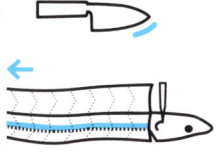

背骨の腹側の縁にそって、逆さ包丁で切り目を入れる。背骨の、腹側の身に接している部分を切り離す。

11

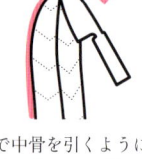

包丁を右にねかせて、頭の下の切り込みから中骨の下に刃先を差し入れる。

12

左手の指で中骨と刃先の接点を押さえながら、へぐような感じで、中骨を身から切り離していく。

13

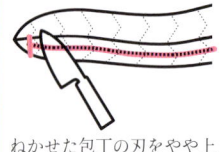

ねかせた包丁の刃をやや上げ気味にし、かつ身を削らない程度に、刃に角度をつける。包丁は尾の付け根で止める。

14 頭を落とす

腹部に付いている血などの汚れは生臭みの原因になる。刃元でこすってきれいに落としてから、頭を切り離す。

15 背ビレを切り取る

左手の指で、中骨の端と、それにつながっている尾ビレをつまんで持つ。

16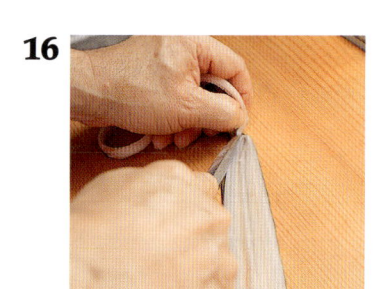

左手で中骨を引くようにしながら、背ビレの端から、背ビレと身の境目に包丁を入れ、中骨を引っ張りながら、背ビレを切り離す。

17

最後まで一気に、切っ先を支点にして背ビレを引きはがすような感じで包丁を進めると、きれいにはずすことができる。

18

きちんとおろすと、中骨と背ビレとが、このようにつながったままはずれる。

腹開きにする

1 腹開きにする

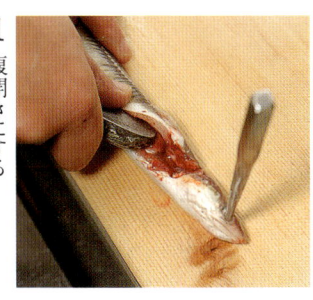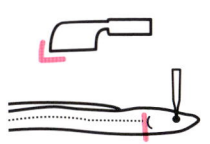

アナゴの頭を右に腹を手前にして置き、目打ちをして頭を固定する。エラ下に裂き包丁の切っ先を切り入れる。

2

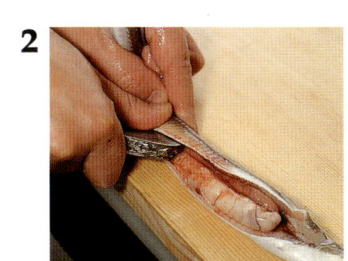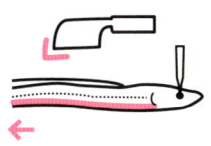

左手の親指と人差し指でアナゴを押さえつけるように握り、裂き包丁を右にねかせて、内臓を傷つけないように尾まで裂く。

3 内臓と中骨を取る

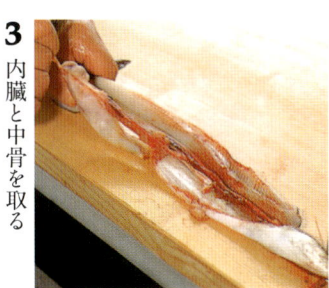

首の後ろの食道と気管を刃元で切り、そのまま親指と刃先で挟み持ち、尾のほうへ引っ張って内臓を抜く。

4

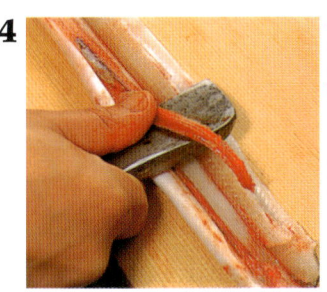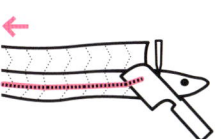

頭の後ろの中骨を、裂き包丁で切る。そのまま刃先を中骨の下に入れ、中骨の傾きに合わせてねかせ、肛門まで切り進める。

5

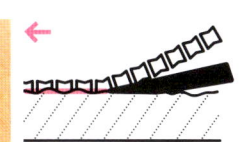

肛門から尾の先までの中骨は、頭から肛門までと形が違い、扁平な形をしているので、刃を平らにねかせて中骨を切り取る。

6 背ビレを切り取る

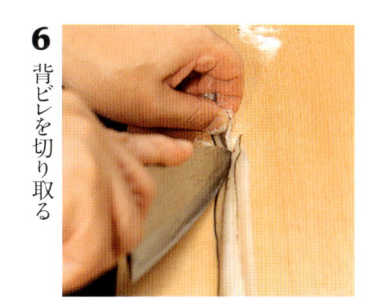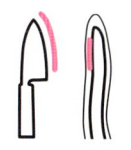

開いたアナゴを元の形にもどし、尾の先のヒレを左手で持ち、すぐ近くに出刃包丁で切り目を入れる。

7

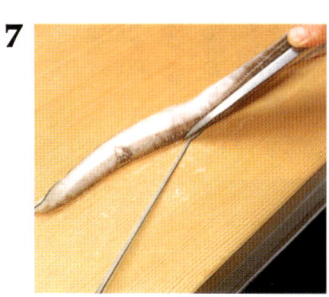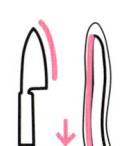

左手でヒレの先を引っ張りながら出刃包丁の切っ先を頭のほうへ引いて背ビレを切り取る。

8 頭を落とす

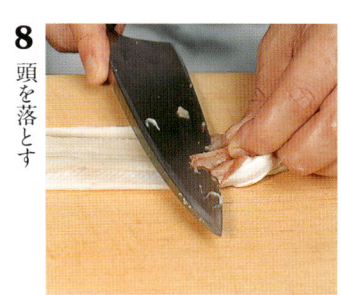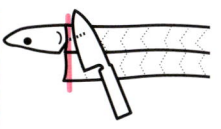

頭を左に皮目を下にして身を開いて置く。切り残した中骨の下に刃先を右に少しねかせて斜めに頭を切り落とす。

鱧

担当／平井和光

［ハモ］

pike eel/
conger pike

murène japonaise/
brochet de mer

murena del
giappone

海鰻

◎生きているハモを締める時には、気が荒いので噛まれないように注意する。

◎皮の表面のぬめりは生臭いので、初めに包丁でこそげ取る。

◎背骨の形が腹腔の上とその後ろでは異なるので、切り離す時に包丁の角度を変える。

◎背ビレには細かい骨があるので、この骨ごと背ビレを引きはがす。

特に長い魚｜はも

腹開きにする

1 締めて血抜きする

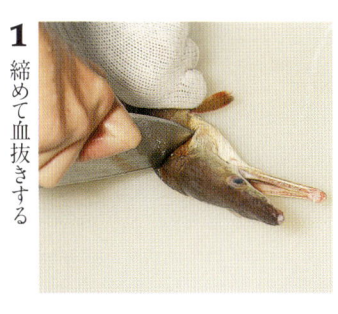
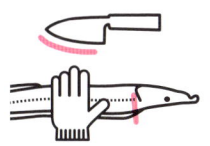

生きたハモを締める時には、軍手をはめた手で頭の後ろをしっかりと押さえ、頭の付け根に包丁の切っ先を入れて骨を切り離す。

6

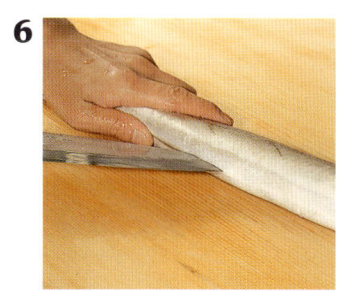
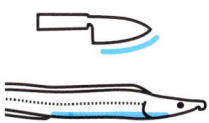

尾を左、腹を手前に置き換え、包丁を逆さ包丁に持ち、切っ先を肛門に差し入れ、そのまま頭のほうにまっすぐに切り開く。

2

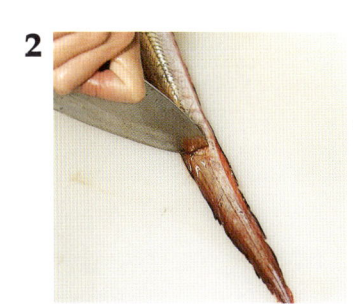
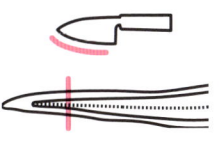

尾の付け根にも包丁で切り込みを入れる。これは頭のほうから手でしごいた時に、血がよく抜けるようにするため。

7

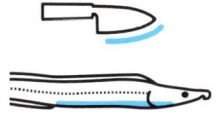

顎の下まで切り裂く。あまり包丁を深く入れると、内臓を傷つけてしまうので注意する。

3 ぬめりと内臓を除く

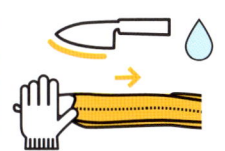

左手で頭を押さえ、包丁の刃を立てた状態で、頭のほうから尾に向かって皮の上から表裏をしごき、流水の下でぬめりを落とす。

8

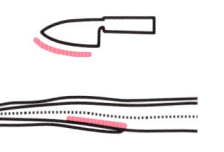

包丁を順手に持ち換え、肛門から尻ビレの上にそって包丁をねかせて切り進め、腹腔の端まで切り目を入れる。

4

皮の表面のぬめりは生臭いので、包丁の刃でていねいにぬめりを落とす。

9

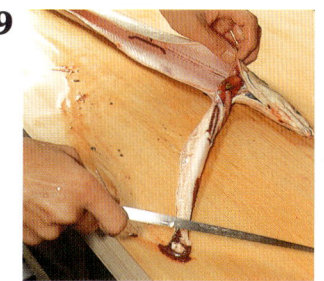
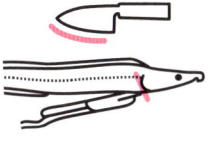

切り裂いた腹を左手で開き、包丁の刃元に内臓を引っかけるようにして引き出す。頭の付け根で内臓を切り落とす。

5

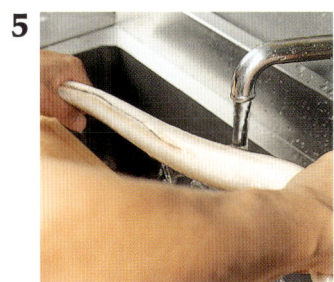

流水で洗い、ぬめりをよく洗い流す。

10 血ワタを洗い流す

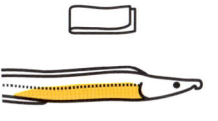

指の腹を使い、背骨の下に残っている血ワタを流水で洗い落とした後、乾いたふきんで、腹の外側と内側をよくふく。

11

目打ちし、中骨を取る

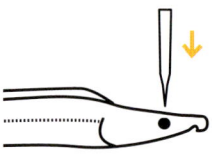

尾を左、腹を手前にしてハモをまな板の右隅に置き、目に目打ちを打つ。

12

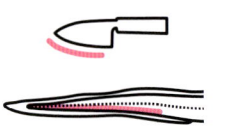

腹腔の下の端から中骨の上をすべらせるようにして、包丁をねかせて進め、尾の先まで切り込む。

13

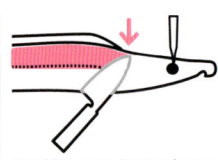

切り開いたのど元の皮目に左手の人差し指をあてがい、皮一枚を残すように見当をつけて切っ先を背骨の上に差し入れる。

14

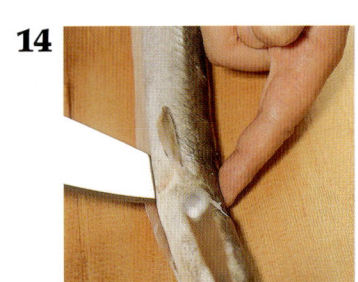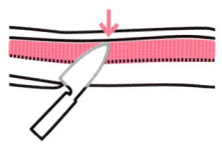

包丁の切っ先を皮を通して左手の人差し指で確かめながら切り進めるとよい。

15

左手の親指で身を開きながら、人差し指で包丁の背を押して、三角形の背骨の角度に合わせ、包丁を立てて切り進める。

16

頭の先から腹腔までの背骨は三角形をしているが、そこから尾の先までは平たい形に変わるので、包丁をねかせて切る。

17

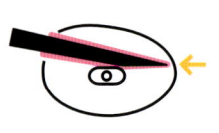

中骨の上をすべらせるようにして、包丁の切っ先を中指にいつも感じる状態のまま、包丁を尾の先まで進める。

18

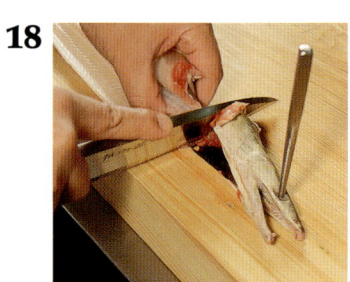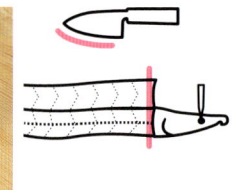

エラと胸ビレの間に包丁を切り入れて、頭を切り落とす。

19

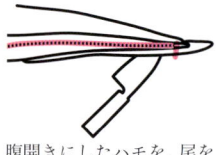

腹開きにしたハモを、尾を右、皮を上にして置き換え、中骨を付けた手前の尾ビレの上に包丁を右にねかせて切り入れる。

20

腹腔の手前までは包丁を右にねかせ、中骨の上をすべらせるようにして切り進める。

21

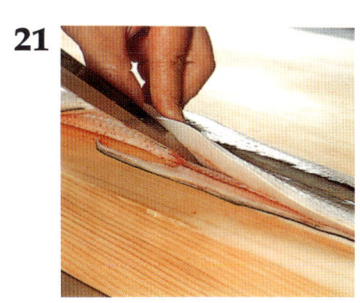

腹腔のところまで進めたら、ここから背骨の形が三角形に変わるので、ねかせた包丁を少し立てて肩口まで切り進める。

22

中骨をはずして皮を下にして置いた状態。ここではまだ背骨は尾とつながっている。

23

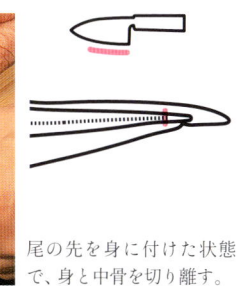

尾の先を身に付けた状態で、身と中骨を切り離す。

24

背ビレを取る

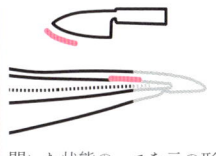

開いた状態のハモを元の形にもどして尾を右、腹を手前に置き、尾に近いほうの背ビレの端に切り目を入れる。

25

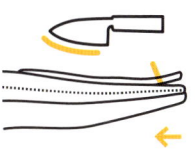

背ビレの端を包丁をねかせて強く押さえつけ、左手で身の端を持って左上方向へ強く引っ張って背ビレをはがす。

26

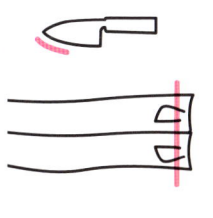

皮を上にして置き換え、左右の胸ビレを切り落とす。

27

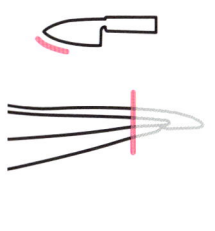

尾の先を切り離す。

28

腹骨を取る

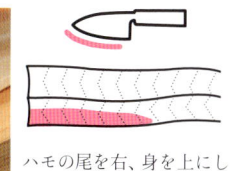

ハモの尾を右、身を上にして開いて置き、左手で左端を押さえ、包丁を右にねかせて手前の腹骨をそぎ切りにする。

29

次に、包丁を左にねかせてもう片方の腹骨もそぎ切る。最後に、開いた身の両側をきれいに切り整える。

鰻

[ウナギ]

eel

anguille

anguilla

鰻魚／鰻鱺

◎できるだけ身に血を付けないように、よく切れる包丁で一気に手早く裂く。

◎粘液がまとわりついて身が汚れるので、まな板は常にぬらした状態にする。

◎ウナギ裂きの道具は地方によって異なる。

◎一般に、関東では背開き、関西では腹開きにする。

特に長い魚｜うなぎ

背開きにする

1
目打ちをし、内臓を除く

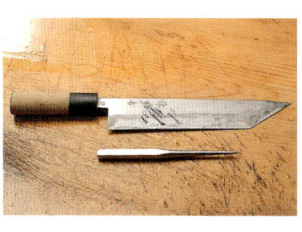

ウナギ裂き包丁と目打ち。包丁の切っ先、ヒレ引き（刃の途中が"く"の字に曲がった頂点の部分）、刃元をそれぞれ使い分ける。

2

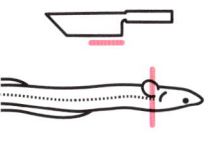

ウナギを頭を右に、背を手前に置く。背から胸ビレの下にかけ、やや切っ先を上げて、中骨の下まで切り込みを入れて締める。

3

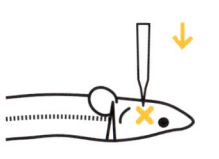

おとなしくなったウナギに、目打ちを打って固定する。切り込みと目の中間あたりを狙って目打ちを打つ。

4

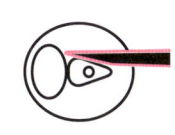

切り込みを入れたところに背側から包丁を入れて、中骨にそってその上側を切り進め、腹の皮一枚を残して背開きにしていく。

5

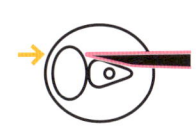

左手の人差し指を腹側にあてて、皮ごしに包丁の切っ先を押さえながら、左手の親指で包丁の峰を押すようにする。

6

力を入れるのは、右手の人差し指と、左手の親指。ウナギのしなる力を利用して、尾のところまで、す早く一気に切り裂く。

7

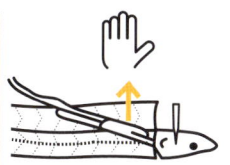
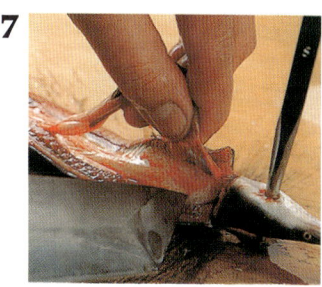

身を包丁で押さえながら、内臓を手で引っ張ってはがし取る。肝吸い用に、肝は別に取りおくが、苦玉は取り除く。

8
中骨を取る

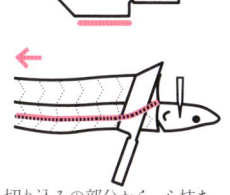

切り込みの部分から、心持ち刃を上げ気味にしながら中骨の下に包丁を入れていく。

9

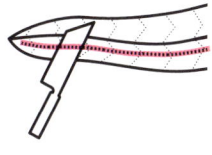

身を削らない程度に、やや角度をつけながら、一気に包丁を進めて中骨をはずす。

10

中骨を引き終えた身。身に血を付けずにきれいに裂くには、ここまでの作業を一気に、スムーズに行なうことが大切である。

11 ぬめりを取る

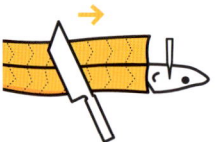

尾のほうから頭のほうへ、包丁を立てて身の上をすべらせ、血合いやぬめりを軽くこそげ取る。

12

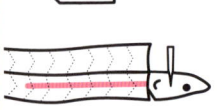

手前の腹骨のあたりに、切っ先で15cmくらいにわたって切り込みを入れる。こうすると、焼いた時に身が縮まない。

13 頭を落とす

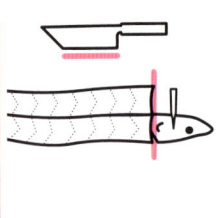

頭を切り落とす。

14 向骨を取る

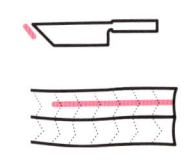

向骨（向こう側の腹骨）の付け根に、切っ先で切り込みを入れる。

15

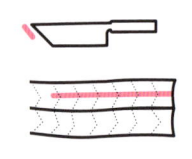

刃先で向骨をそぎ取る。この後、中央部分にもう二本、**12**の切り目と平行に15cmくらいの切り目を入れておく。

16 ヒレを取る

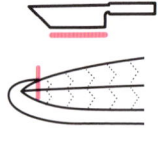

ウナギのヒレは背ビレ→尾ビレ→尻ビレ（腹側）と一本につながっており、腹ビレはない。まず尾先に切り込みを入れる。

17

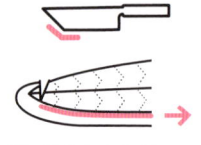

包丁の動きを止めずに、ヒレ引きを基点にして、クルッと包丁の向きを変え、ウナギに対して平行にもってくる。

18

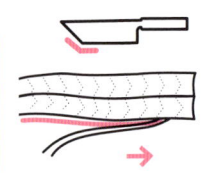

左手で尾ビレの先端を引っ張りながら、ヒレ引きの部分を引くように使って、尾ビレと背ビレを切りはずしていく。

19

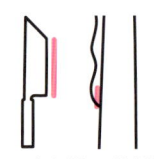

開いた身を閉じ、腹側に残っている尾ビレの付け根に切り込みを入れる。まな板の縁に刃を立てて、引きおろすようにする。

20

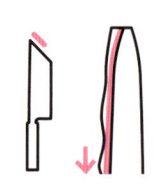

今度は切っ先を使い、左手で尾ビレの先端を引っ張りながら、尾ビレと尻ビレを切りはずしていく。

その他の魚介

ここには魚以外の甲殻類や
貝類のおろし方を収録しました。
イカのヒレ、アワビのエンガワなど、
それぞれの部位の名称は
巻頭の凡例を参考にしてください。

烏賊

担当／平井和光

［イカ］

calamary/
squid

calmar/seiche/
sépia

calamaro/totano/
seppia

乌贼/鱿

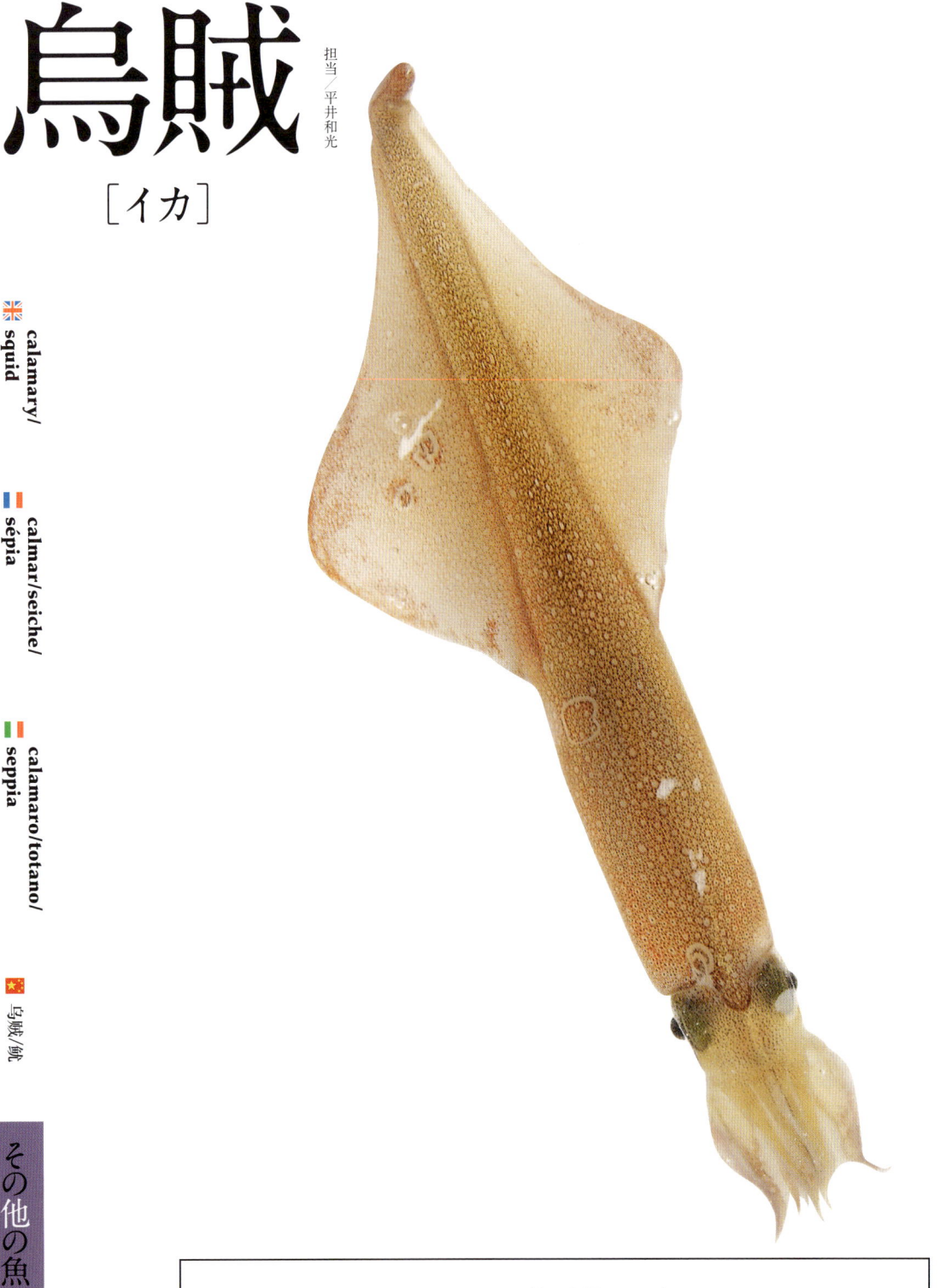

◎コウイカ類は、甲を抜いてから脚と一緒に内臓を取り出す。

◎コウイカ類のヒレ（ミミ）は、ヒレと身の間に指を差し入れて取る。

◎スルメイカやヤリイカのようなツツイカ類は、胴と脚のつなぎ目を手ではずし、脚と一緒に内臓を抜き出す。

◎ツツイカ類は、胴の内側に手を差し入れて軟骨などの残りを取り、流水で洗い流す。

スルメイカのおろし方

1
脚と内臓をはずす

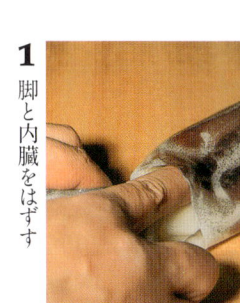

外皮の濃い色を上、脚を手前にして置き、胴と脚の付け根に人差し指を差し入れて内臓と身のつなぎ目をはずす。

2

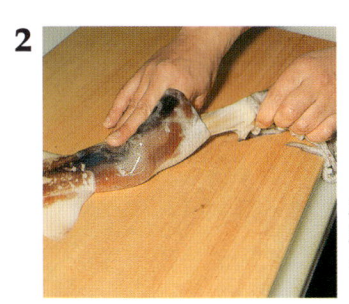

胴を持ち、もう片方の手で脚をゆっくりと、内臓がちぎれないように注意しながら引き抜く。

3

胴の内側に指を差し入れ、取り残しを引き抜きながら流水で洗い流す。透明で薄い軟甲も一緒に取り除く。

4
胴を切り開く

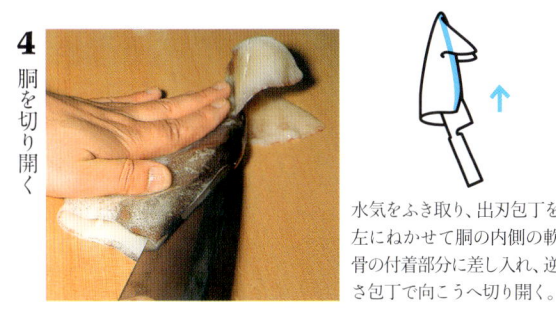

水気をふき取り、出刃包丁を左にねかせて胴の内側の軟骨の付着部分に差し入れ、逆さ包丁で向こうへ切り開く。

5

胴を切り開き、内臓などの取り残しを掃除した状態。

6
ヒレと皮を取り除く

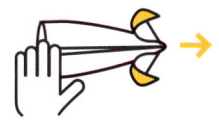

左手で胴を押さえ、右手でヒレ（ミミ）を持ってつなぎ目を引きはがす。

7

外皮を上に置き、切り口から身と外皮の間に指を差し入れて少しずつはがす。途中で身を押さえて外皮を引きはがす。

8

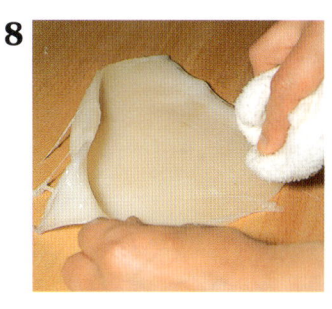

身の内側についている薄皮は、乾いたタオルで強くこすって取り除く。身のすその近くに突起している二つの軟骨をそぎ落とす。

9

身のすそをきれいに切り揃え、そのすそを手前に置き換え、使う幅に合わせて横幅を決めて、縦に三〜四つに切り分ける。

モンゴウイカのおろし方

1
甲と内臓を取り除く

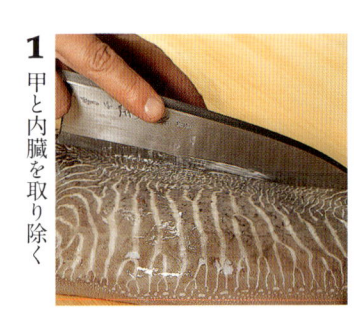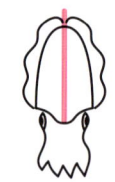

甲のある背を上、脚を手前に置き、硬い石灰質の甲を切らないようにして、表皮に縦に浅く切り目を入れる。

2

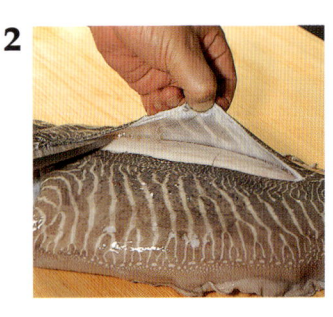

左手で表皮の切り口をつまみ、出刃包丁の刃先を使い、甲の上をすべらせるようにして、少しずつ切り広げる。

3

切り口から指を甲の下に差し入れて、甲の端を押し出すようにして甲を抜き取る。

4

内臓をおおっている薄い膜とヒレ（ミミ）の間に指を差し入れ、内臓にそって徐々に指を動かして内臓を取り出す。

5

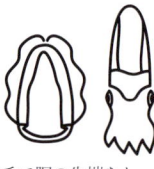

左手で胴の先端をしっかりと押さえ持ち、右手で持った内臓を薄い膜を破らないように注意して、脚と一緒に身から引きはがす。

6
ヒレと皮を取り除く

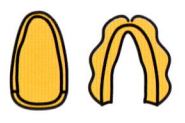

胴の先端を手で持ち、もう一方の手の親指をヒレと身の間に差し入れ、身の両端にそって指をすべらせてヒレを取り除く。

7

胴を外皮を上、その先端を右に置き、先端から外皮を少しずつはがす。途中から右手で身を押さえ、左手で一気に引きはがす。

8

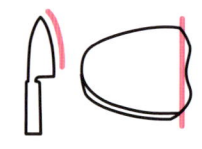

身の内側を上、先端を左に置き、身のすその縁にそって、下の薄皮を残して切り目を入れる。

9

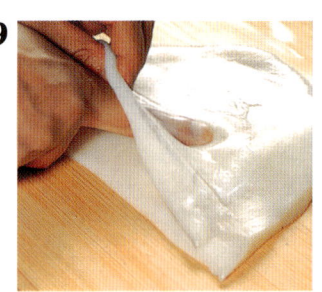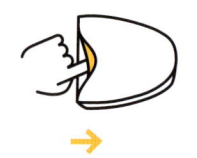

身の表裏を反対に返し、切り目から身と薄皮の間に指を差し入れて、身から薄皮を徐々にはがす。

10

薄皮を途中まではがしたところで、片方の手で身を押さえ、もう片方の手で薄皮を引きはがす。

11

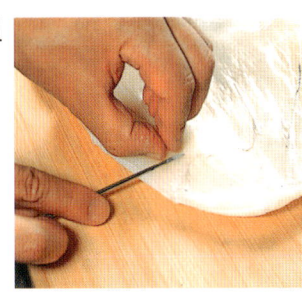

イカの身は表皮を含めて四枚の層でおおわれている。薄くて取りにくい内側の一番下の薄い皮は、串を使って取り除く。

12

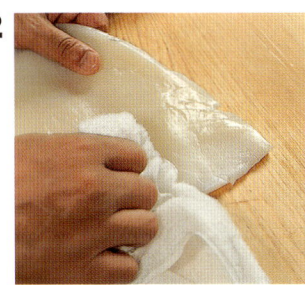

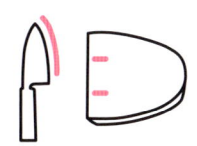

薄皮の取り残しは、乾いたタオルでこすって取る。身のすその近くに突起している二つの軟骨をそぎ落とす。

13

薄皮を取り除き、きれいに掃除した状態のモンゴウイカの身。

蛸

担当／平井和光

[タコ]

🇬🇧 **octopus**

🇫🇷 **pouple/pieuvre**

🇮🇹 **polpo**

🇨🇳 鱆/章魚/八爪魚/八帯魚

◎内臓、眼球、クチバシは、必ず初めに取り除く。
◎生のまま調理する場合は、ダイコンおろしでもみ、汚れとぬめりを取り除く。
◎ゆでてから調理する場合は、塩でもみ、汚れとぬめりを取り除く。
◎皮を傷つけると見た目が悪いので、水洗いやゆでる時にはていねいに扱う。
◎ゆでる時には、脚先から徐々に湯に浸けて外に脚を丸まらせながらゆでる。

その他の魚介｜たこ

生で使うおろし方

1
 内臓を取り除く

 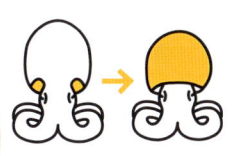

マダコの胴と内臓をつなぐ筋を包丁で切った後、親指を入れて袋状の胴部をクルッとめくって裏返す。

6

途中から左手で眼球をつまみ上げるようにして、切り離す。もう片方の眼球も同様に切り取る。

2
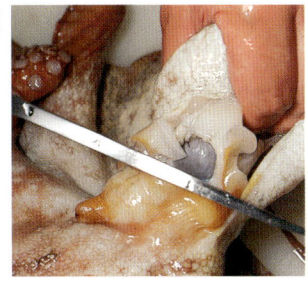

膜におおわれた丸い形の内臓が出てくるので、その膜の付け根に包丁で切り目を入れる。

7
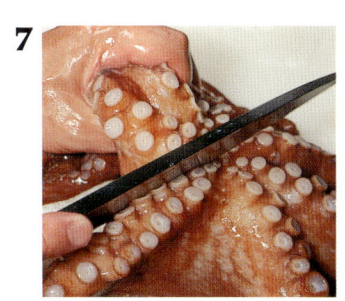

八本ある脚の二本が短く、クチバシはその二本の付け根にある。その付け根に切り目を入れると、クチバシを取り出しやすい。

3

内臓は磯臭く、墨袋も一緒に付いているので、膜を破らないように注意しながら徐々に切り離して取り除く。

8
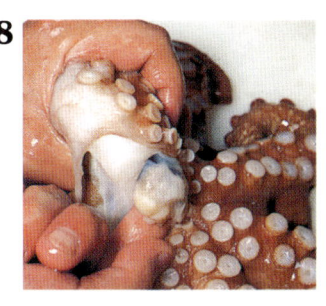

指をクチバシの下に差し入れて強く押し出すようにして取り除く。

4

取り出した内臓部分。墨袋（写真の左下の部分）が破れて墨が流れ出ると、身が汚れてしまうので、注意する。

9
 ダイコンおろしで洗う

大きめのボウルにタコを入れ、ダイコンおろしでまんべんなくもみ、汚れやぬめりを取り除く。脚は指の間で挟むようにしてしごく。

5
 眼とクチバシを取る

胴部を元の形にもどし、左手で胴部を持ち、眼球を傷つけないように注意して、包丁をねかせて眼球の左右から切り目を入れる。

10
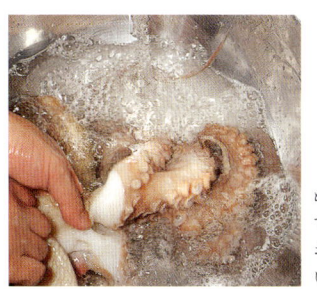

ぬめりが出てきたら、流水で汚れとぬめりをダイコンおろしと一緒にきれいに洗い流す。

タコのゆで方

11

汚れが取れたら、水気をふき取りながら、ダイコンおろしの取り残しがないかどうかを調べる。

12 脚を切り分ける

脚の付け根を切り、胴部と切り離す。

13

脚をまっすぐにのばし、細い先の部分を切り離す。

14

包丁を立てて脚の付け根に切り入れ、一本ずつに切り離す。この状態でラップ紙で包み、そのつど取り出して造りなどに用いる。

1 塩で掃除する

内臓、眼球、クチバシを取り除いたタコに（前項タコのおろし方 **1〜8** 参照）塩をたっぷりとふりかける。

2

塩でタコの汚れとぬめりを取り除く。指の間に脚を挟み、付け根から脚先に向けてしごくようにすると、ぬめりが出てくる。

3

流水で汚れやぬめりを塩と一緒にきれいに洗い流す。特に吸盤は汚れが落ちにくいので、流水にあてながらたんねんに洗う。

4 ゆでる

鍋にたっぷりの湯を沸かし、色よくゆで上がるように淡口ショウユを加えた中に、タコの頭の先を持って脚先から徐々に入れる。

5

脚の先から徐々に湯に入れていくと、脚が外にそり返って丸まり、ちょうど鍋に収まる形になる。

6

鍋にタコを入れたら、頭が下になるようにして、身に均一に火が入るようにする。

7

ふつふつと細かく沸き上がるくらいの火加減で、落とし蓋をしてゆでる。

8

時々落とし蓋を取ってあくを取り除き、再度落とし蓋をする。強火で20～30分間ゆでる。

9

熱いうちは皮がむけやすいので、できるだけさわらないようにして常温で冷ました後、保存する。

鼈

担当／山本正明

［スッポン］

softshell turtle

trionix/trionyx

tartaruga dal
guscio molle

甲魚/水魚/
团鱼/鳖

その他の魚介｜すっぽん

◎首の付け根をつかむ時と首をさばく時（切り落とした後もしばらく動くため）は、嚙まれないように注意する。

◎背甲との境目に切り目を入れ、甲羅にできるだけエンペラを残さない。

◎手足4つに切り分けるので「四つほどき」という。ほぼ同じ大きさの切り身になるように切り分ける。

◎関節おとしの方法で、関節を包丁で切っていくと、おろしやすい。

◎臭い膀胱と苦い胆のうを傷つけないように取り除く。

◎スッポンをおおっている薄皮は、湯に浸けた後、水の中できれいに取り除く。

四つほどきにする

1 首を切り落とす

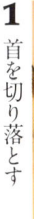

スッポンを仰向けにして、首をもたげて起きあがろうとしたところを、左手で首の付け根をしっかりと押さえる。

2

背甲を立てるようにしてできるだけ首を引っぱり出し、首の付け根に切っ先を差し入れて背甲とのつなぎ目の骨を切る。

3

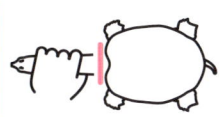

首を押さえつけたまま背甲を上にしておき、首に入れた切り目をさらに深く切り進め、首の骨の関節を切って首を切り落とす。

4 生き血を取る

酒を入れたボウルを用意し、スッポンを逆さにして少し時間をおき、自然に血が出るのを待ってから、腹甲を押して血を絞り出す。

5 首をさばく

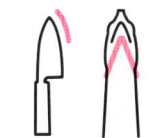

切断した首を下顎を上に向け、噛まれないように顎の付け根をしっかりと押さえ、顎の骨の縁にそって二方向から切り込む。

6

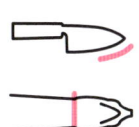

出刃包丁の刃先をスッポンの下顎の下にこじ入れて切り開く。

7

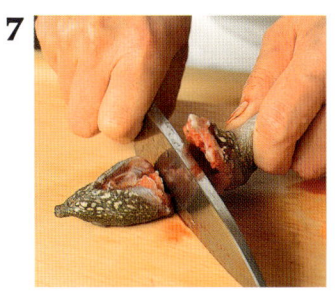
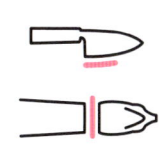

切り開いた顎の骨のところに刃を垂直に立てて、頭を切り落とす。

8

顎の骨の二カ所の付け根に包丁で切り目を入れ、食道と気管を切っ先で引き出す。

9

包丁の刃元で顎の骨をまな板に押さえつけ、そのまま左手で首を強く引っ張り、食道と気管を引き抜く。

10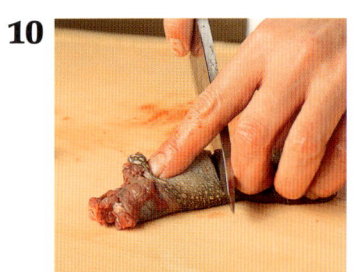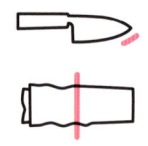

首と首皮をまっすぐにのばし、二等分する。首の皮が縮んで片寄らないよう、左手で均等になるように押さえながら切る。

11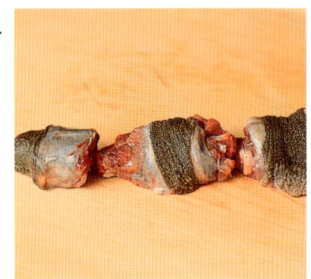

三つに切り分けた頭と首の部分。頭はだしを取った後で捨てる。首皮は柔らかくて味がよいことから、上質の部位として使う。

12 背甲をはずす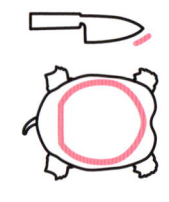

背甲とその周囲のエンペラ（柔らかい甲羅部分）の境目に切っ先で切り込みを入れる。

13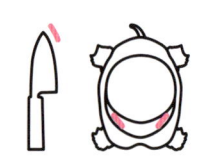

背甲を持ち上げぎみにして、包丁の切っ先を切り目から背甲の内側に入れ、背甲と前肢部二カ所の付け根をつなぐ骨を切り離す。

14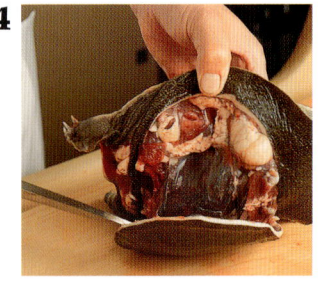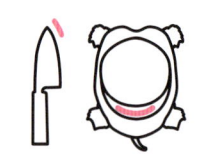

次に、尾のほうの切れ目から包丁の切っ先を入れ、もう片方の背甲と尾の近くの付け根をつなぐ骨を切り離す。

15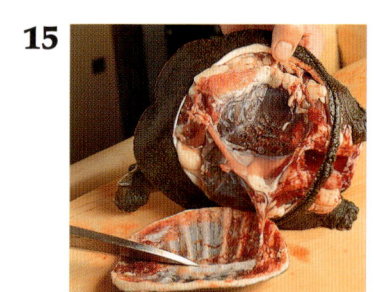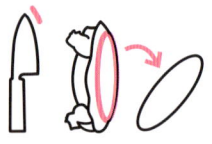

スッポンを横向きにして持ち、背甲の内側にそって包丁の刃先を入れ、強く引きはがすようにして、背甲をはずす。

16 腹甲を引きはがす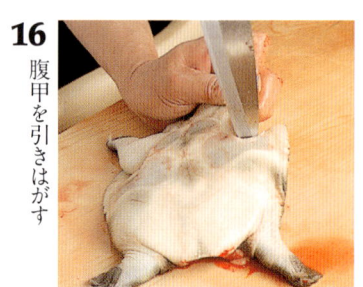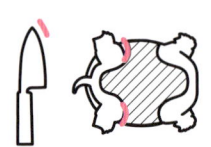

腹甲は楕円形で、その左右がベルト状に伸びている（斜線部）。スッポンを仰向けにし、尾に近いベルト状の縁に切り込みを入れる。

17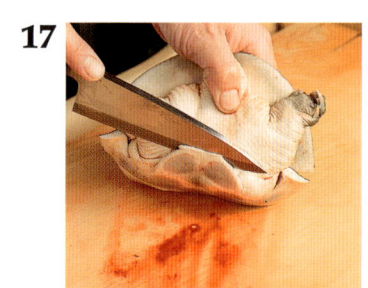

腹甲を下にして置き、左手で折るようにして下半身をめくり上げ、尾に近い腹甲の縁に刃先をねかせて切り入れる。

18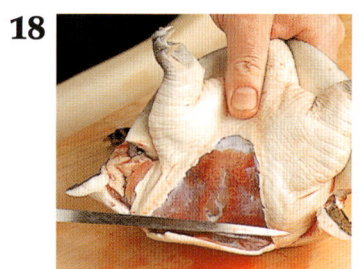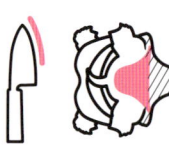

そのまま腹甲の内側を**16**で入れたベルト状の切り目までそぎ切って腹甲を半分はがす。

19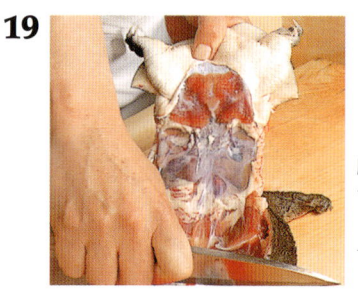

腹甲のベルト状の切り目まで切ったら、上半身を付けた腹甲を包丁で押さえ、左手で内臓のある下半身を持って引き離す。

20

下半身をおろす

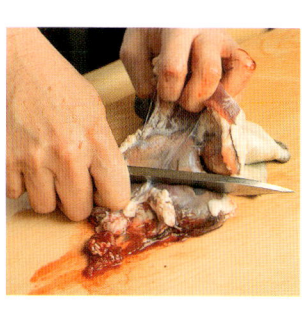
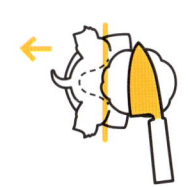

下半身の腹を上に内臓を右にして置き、包丁の刃をねかせて内臓を押さえつけ、左手で身を持って引きはがす。

21

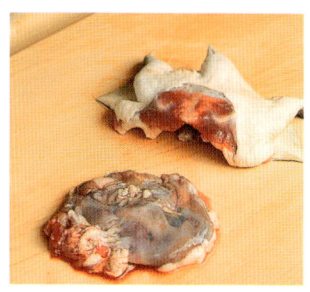

取り出した内臓（写真手前）と下半身。膀胱と胆のうをつぶさないように注意する。

22

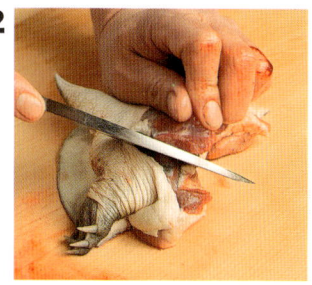
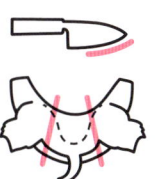

尾を手前にして裏返して置き、腰骨と後肢の付け根を左右とも切りはずす。

23

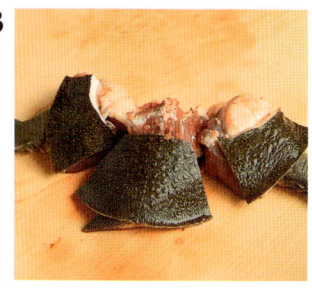

後ろの両肢と尻の部分に、三つに切り分けた状態。

24

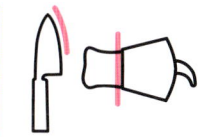

尻の部分には、肉の付いている尾の付け根の部分がある。その尾の付け根に肉を付けた状態で二つに切り分ける。

25

尻の肉の部分をさらに二つに切り分ける。

26

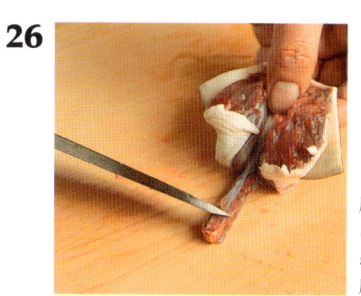
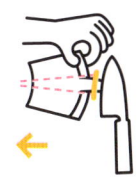

尾の残っている尻の部分は、尾骨の上に切り目を入れ、尾を切っ先で押さえて尻部から引き抜く。

27

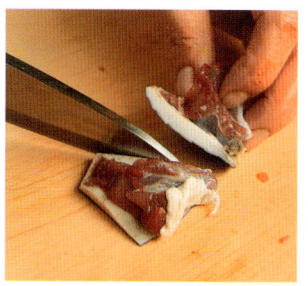
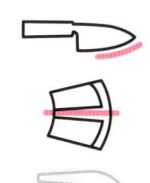

尾骨を抜いた後、さらにエンペラも一緒に切って尻部を二つに分ける。

28

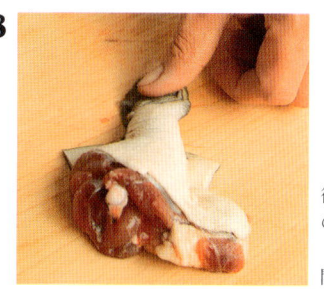

後右肢を裏返して置き、左の親指で水掻きのひらを強く押し、切り口から腿骨の関節が見えるようにする。

29

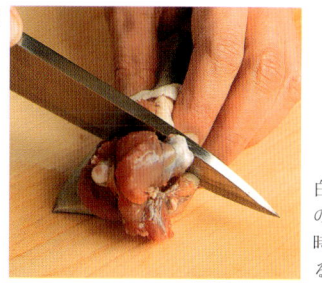

白く飛び出した腿骨を関節のところで切り離す。この時、身と皮が半分ずつになるように切る。

30

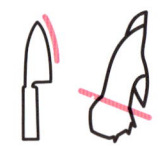

次に水掻きを関節のところで切り落とす。水掻きの骨は細かいので、肢に付けたままだと食べた時に骨がとてもわずらわしい。

35

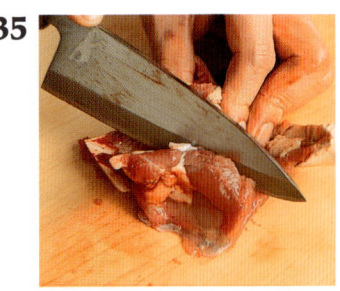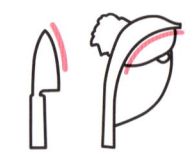

前肢部の付け根に三角形の胸骨があるので、その関節に刃先を入れて前肢部を切り分ける。

31

もう片方の後肢部も同様に切り分ける。食べられない尾骨と左右の水掻きを除き、下半身を八つに切り分けた状態。

36

この胸骨部の肉が、スッポンの身では一番よい部位で、三つ骨という。

32 上半身をおろす

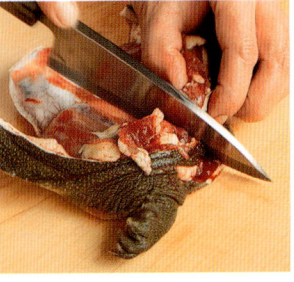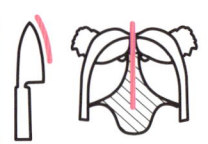

上半身を腹甲を下にして縦に置き、前左肢部を左手で持ち、左右の中央に刃先を立てて切り入れ、腹甲にあたるまで切る。

37

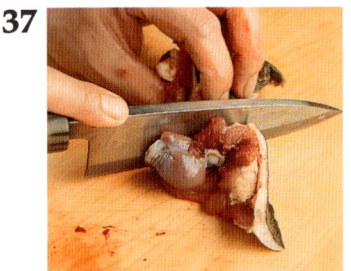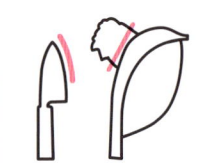

前肢部と肩のエンペラを、関節に包丁を入れて切り分ける。肢部は後肢と同様、水掻きを切り落とす。もう片方も同様に切り分ける。

33

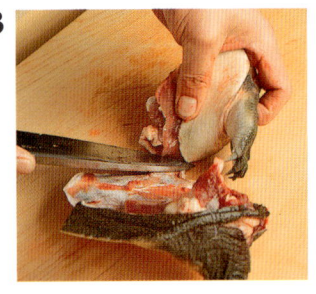

腹甲にあたったら、包丁の刃を右にねかせ、腹甲にそって前左肢部を切りはずす。

38

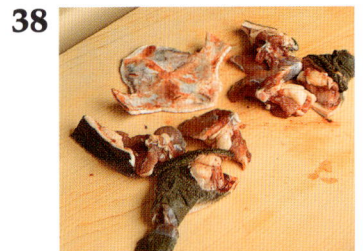

切り分けた上半身。不可食部分の腹甲（写真左上）と二本の水掻きを除き、上半身を六つに切り分けた状態。

34

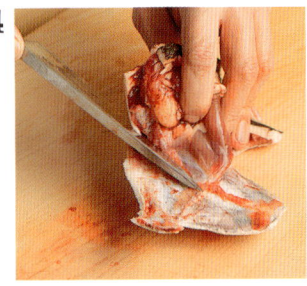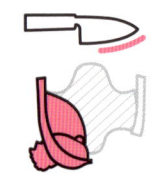

スッポンを180度回転させ、左手で残った前右肢部を持ち、刃先を右にねかせ、腹甲にそって切り離す。

39 内臓を切り開く

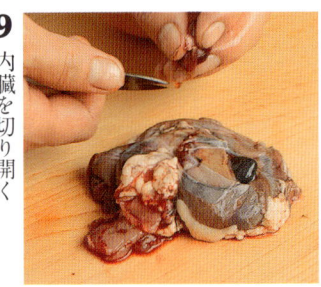

取り出した内臓は包んでいる腹膜をハサミで切り開き、心臓と肝臓を取り出す。産卵期のメスは卵を抱えているので取り出す。

40

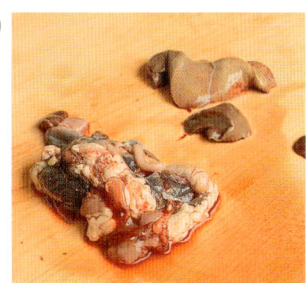

可食部分の心臓（写真右）と肝臓（写真上方の二つ）。その他に、腸もよく掃除して使うこともある。

41

薄皮をはぐ

おろしたスッポンのうち、内臓や水掻きを除いたすべてを大ぶりのボウルに入れ、熱湯を注ぐ。

42

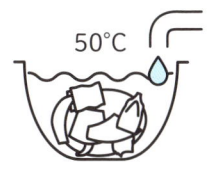

50℃

スッポンが湯に浸かったら約1分間ほどしてから水を加え、50℃にする。温度が高すぎると、むきづらくなる。

43

スッポンの外側をおおっている薄皮を手できれいにはがす。水に入れて冷やし、取り残しがないか確かめる。

鮑

担当／津田 愼

［アワビ］

🇬🇧
abalone/
sea-ear

🇫🇷
ormeau/
oreille de mer

🇮🇪
abalone/
orecchia di mare

🇨🇳
鮑魚

◎アワビは身の表面にぬめりがあるので、おろす前に、身に塩を付けてぬめりをこすり落とす「塩磨き」をする。

◎「塩磨き」をすると、身が締まって殻からはずしやすくなる。

◎殻から身をはずす時は、殻にそっておろし金の柄を差し込み、身を殻から引きはがすようにするが、その時、貝柱状の部分を傷つけないように注意する。

その他の魚介｜あわび

164

殻のむき方とエンガワのはずし方

1 塩磨きをする

殻をよく洗ったアワビの身の側に、粗塩をたっぷりとふって、ぬめりや汚れをタワシでこすり取る。流水にさらして汚れや塩を洗う。

2 殻から身をはずす

クチバシのある殻の薄いほうを手前にして置く。クチバシの右横から殻にそって、身と殻の間におろし金の柄を差し込む。

3

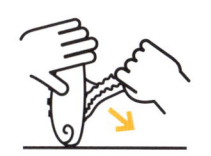

おろし金をテコにして身を殻から半分ほど引きはがした後、殻を180度回転させて、まな板の上に貝を立て、さらに身をはがす。

4

貝柱状の部分と殻をつないでいる薄い膜（ヒモ）と殻を左手で持ち、右手で身を握り、ヒモから身を完全に引きはがす。

5

殻に残ったヒモを引きはがす。内臓も一緒にくっついて取れる。

6 水洗いする

流水にさらしながら、もう一度タワシで身を洗う。特にエンガワのあたりには、まだ砂や汚れが付いていることがある。

7 エンガワをはずす

左手でエンガワを押さえながら、右手の指でクチバシをつまみ、はぎ取る。

8

クチバシの周囲の身の硬い部分を、柳刃包丁で切り落とす。

9

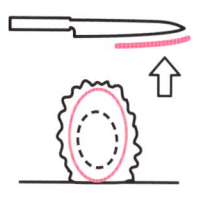

身を立ててエンガワの付け根に包丁を入れ、形にそってエンガワを切り落とす。

10

クチバシ（右下）とエンガワ（右上）をはずして上身にした。

ずわい蟹

担当／津田 慎

［ズワイガニ］

◎甲羅は腹部裏のフンドシをはがし、そこに指を差し込んで開いてはずす。

◎ハサミと脚は、出刃包丁の刃元に近い部分を使って関節から切り離す。

◎甲羅をはずした腹部は、食べやすいように六つほどに切り分ける。

◎甲羅の内側と腹部には、砂などの汚れが付着しているので、ていねいに落とす。

◎卵を甲羅の外に抱いている雌は、その卵をくずさないように注意する。

その他の魚介｜ずわいがに

雄のゆでズワイガニのおろし方

1 脚をはずす

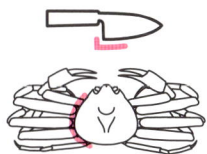

最初に、一対のハサミと四対の脚を付け根からはずす。切り落とす側の脚を左にして、まな板の上に置く。

2

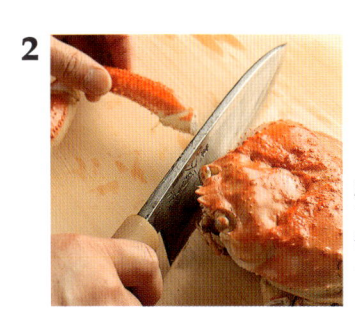

脚の付け根の関節に出刃包丁の刃をあてて、下に押し切るようにして切り落とす。刃元に近い部分を使うと切りやすい。

3 甲羅をはずす

左手で甲羅を持ち、腹部の後ろ側のフンドシの三角形の先端部分に右手の指の爪先を差し込んでつまむ。

4

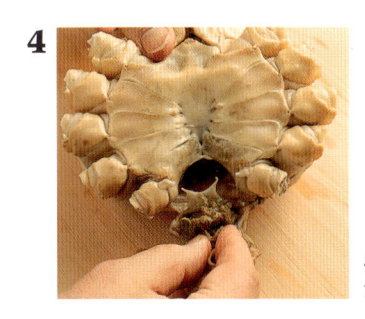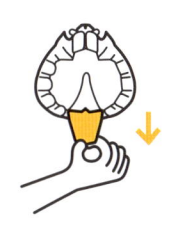

そこを手前に引っ張ると、フンドシがはずれる。

5

甲羅を下にして右手で持つ。左手で腹部の側を持ち、フンドシをはずした窪みに親指を差し込む。

6

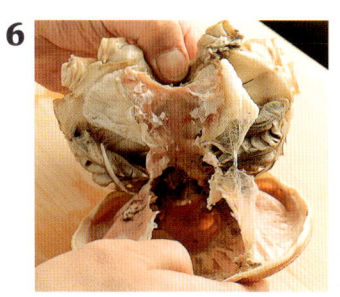

そのまま上に開くようにすると、甲羅がはずれる。

7 ガニを取り除く

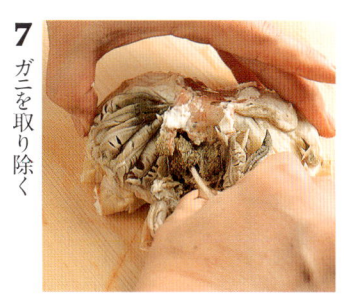

ガニ（肺臓、魚類のエラに相当する）を取る。指でガニを引っ張ると簡単に取れる。

8

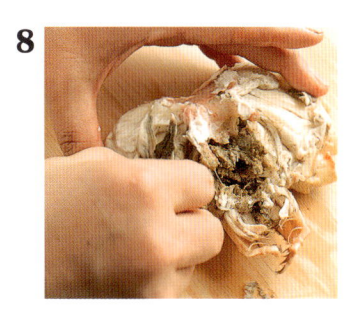

もう一方のガニも取る。

9

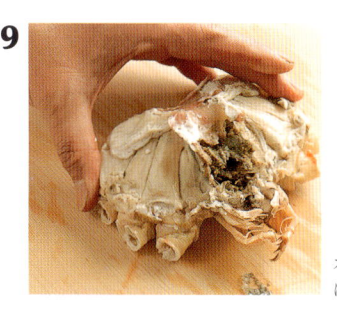

ガニを取ってしまうと、後はほとんどが可食部である。

10

甲羅の裏側の薄皮には砂が付いていることがあるので、薄皮ごと指ではがし取る。

11

これで、カニミソだけがきれいに残る。

12

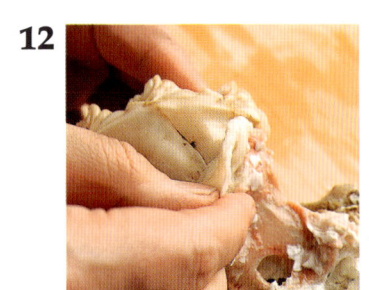

腹部の口の下に付いている白い膜のようなものを、指ではがし取る。

13 腹部をさばく

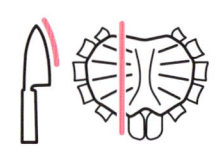

腹部を食べやすいように処理する。内側を上にして置き、左三分の一くらいのところに包丁を入れて、縦に切る。

14

切り分けた残り三分の二の腹部の左右を置き換えて、同様に切り分ける。

15

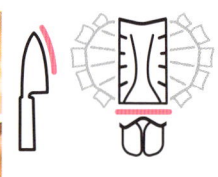

腹部の真ん中の部分の、口の部分を切り落とす。

16

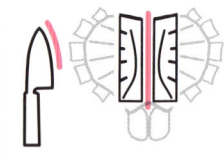

それをさらに、縦に二つに押し切る。

17

こうすると、カニミソを取り出しやすい。

18

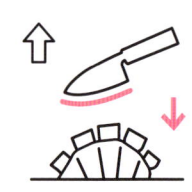

左右の脚側の部分は、脚の付け根の関節を上にして、二つに押し切る。

19

この中にも、身がたくさん詰まっている。

20

処理した腹部を、甲羅にもどした状態。

21
脚をさばく

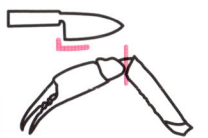

脚を処理する。まず一番太い、ハサミの付いている脚とハサミ（掌節＝しょうせつ）を、包丁の刃元で関節から切り離す。

26

そのまま力を入れて切りおろして、梨割りにする。

22

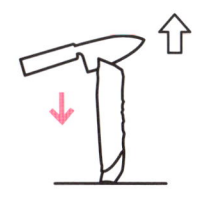

左手で脚を立てて持ち、殻の色の白いほうの上の端から刃先を切り入れる。

27

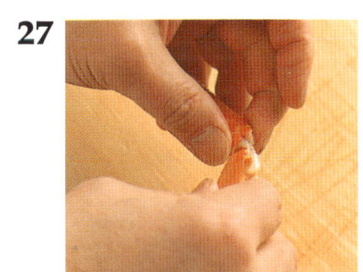
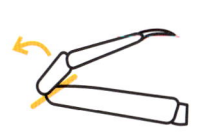

左右四対の脚を処理する。両手で脚を持って関節をへし折る。

23

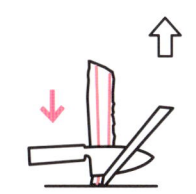

そのまま上から押し切るように包丁をおろして、殻の白い部分をそぎ切る。

28

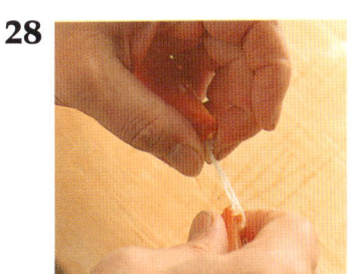

そのまま左右に引っ張ると、太いほうの脚（長節＝ちょうせつ）の骨が抜ける（骨は細いほうの脚に付いている）。

24

こうして殻をそぎ切っておけば、身をくずさずに取り出すことができる。

29

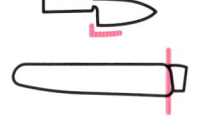

太いほうの脚の付け根側の関節部分を包丁で切り落とす。

25

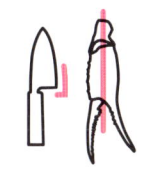

掌節は、まな板の手前の端に爪を出して置く。左手で爪を持ち、爪の股に刃元を縦に切り込む。

30

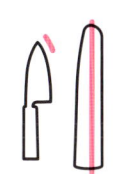

太いほうの脚の白い殻を上にして、まな板に縦に置き、上の端から切っ先を入れる。

31

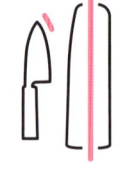

そのまま、まっすぐに二つ
に切る。

32

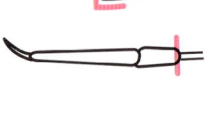

細いほうの脚に付いている
骨を包丁で切り落とす。

33

殻の白いほうを上にしてま
な板に置く。脚の先を左手
で押さえ、そのすぐ下から
切っ先を入れる。

34

そのまま、まっすぐに二つ
に切る。

雌のゆでズワイガニの
おろし方

1 甲羅をはずす

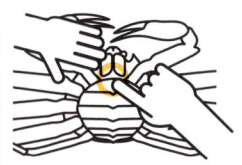

左手でカニを押さえ、右手
の指の爪先をフンドシの先
端部分に差し込む。

2

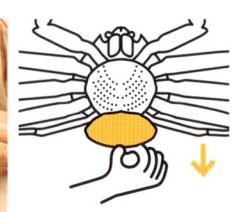

体の外側に付いている卵
(外子)をくずさないように注
意して、フンドシをはがす。

3

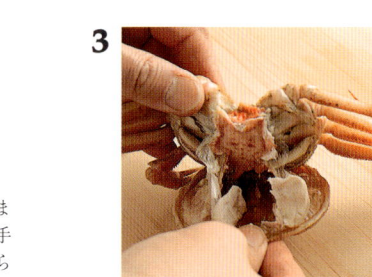

甲羅と脚をそれぞれ持って
開くと、甲羅が簡単にはず
れる。

4 ガニを取り除く

指で引っ張ってガニを取る。

雄の活けズワイガニのおろし方

1 脚をはずす

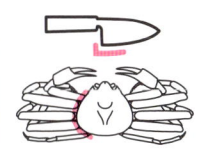

最初に、一対のハサミと四対の脚をはずす。脚の付け根の関節に出刃包丁の刃元をあてて、下に押し切るように切り落とす。

2 甲羅をはずす

甲羅と腹部を流水にさらしながら洗い、フンドシの三角形の先端部分に指先を差し込んではがす。

3

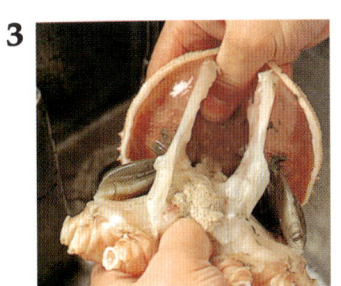

左手の親指をフンドシをはがした窪みに差し入れて腹部を持ち、右手で甲羅を引き上げると、甲羅がはずれる。

4 ガニを取り除く

指でガニを引っ張って取る。砂などで汚れているので流水で洗う。

5

腹部の口の下に付いている膜のようなものや、管状の器官を、指ではがし取る。

6 腹部をさばく

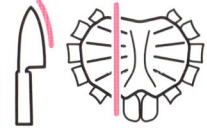

腹部を処理する。内側を上にして置き、左三分の一くらいのところに包丁を入れて、縦に切る。

7

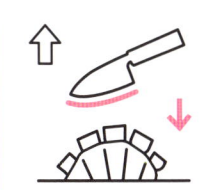

次に、脚の付け根の関節を上にして、さらに二つに切る。左右を置き換えて、同様に切る。

8

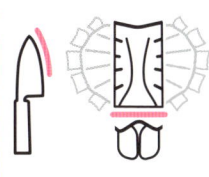

さらに二つに切り、腹部の真ん中の部分の、口の部分を切り落とす。

9

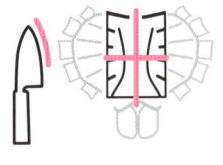

さらに四つに切る。

車海老

担当／山本正明

［クルマエビ］

Japanese
tiger prawn

langoustine
kuruma

gambero imperial/
gambero reale

◎冷凍エビを小分けにして再び冷凍する時には、完全に解凍してはいけない。

◎活けのエビの場合は、頭をもぎ取る時に背ワタも一緒に取り除く。

◎頭のもぎ方は、エビをどのように使うかで異なる。

その他の魚介｜くるまえび

対蝦／花蝦

活けの車エビのおろし方

1

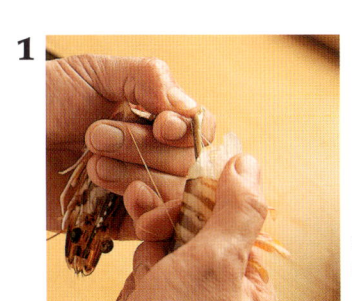
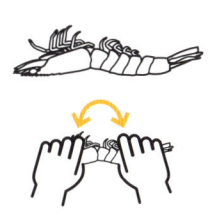

車エビの頭胸部と腹部を両手で持ち、頭胸部を後ろに反らせるようにして取り除く。

2

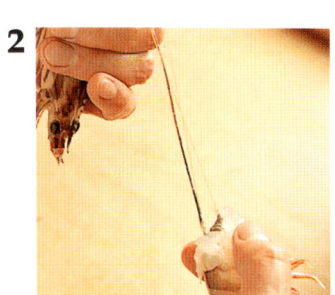
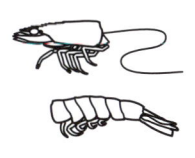

頭胸部に背ワタを付けたままの状態で引き抜く。活けのエビでないと、背ワタをこのように抜くことはできない。

3

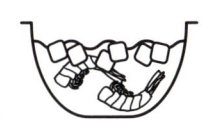

車エビの腹部を、殻を付けたまま氷水に約15分間浸けて、あくとぬめり気を抜く。殻をむいてしまうと、旨みが抜けてしまう。

4

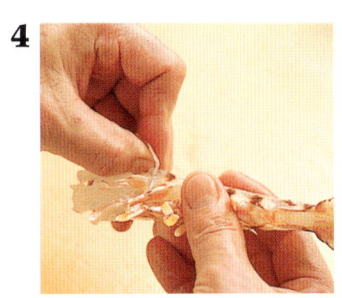
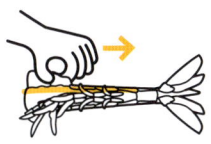

頭をもぎ取った後、腹肢を上に向けた状態で、頭をもいだほうから腹肢の縁に指の腹を引っかけるようにして殻をむく。

5

用途に応じて殻のむき方が異なる。エビのすり身を作る場合は、尾の殻もきれいに取り除く。

エビの解凍と再冷凍の仕方

7 ガニを取り除く

ブロックの状態で冷凍したエビを段ボール箱からバットに移し、水を細く出して解凍する。流水にさらすと解凍時間が早くなる。

8

エビがばらばらの状態になったところで穴あきバットかザルにあけて水気をきる。あまり長い時間水にさらさないほうがよい。

9

バットにラップ紙を敷き、水気をきったエビをきれいに隙間なく互い違いに並べて詰める。ラップ紙でおおい、冷凍庫で再冷凍する。

伊勢海老

担当／津田 慎

［イセエビ］

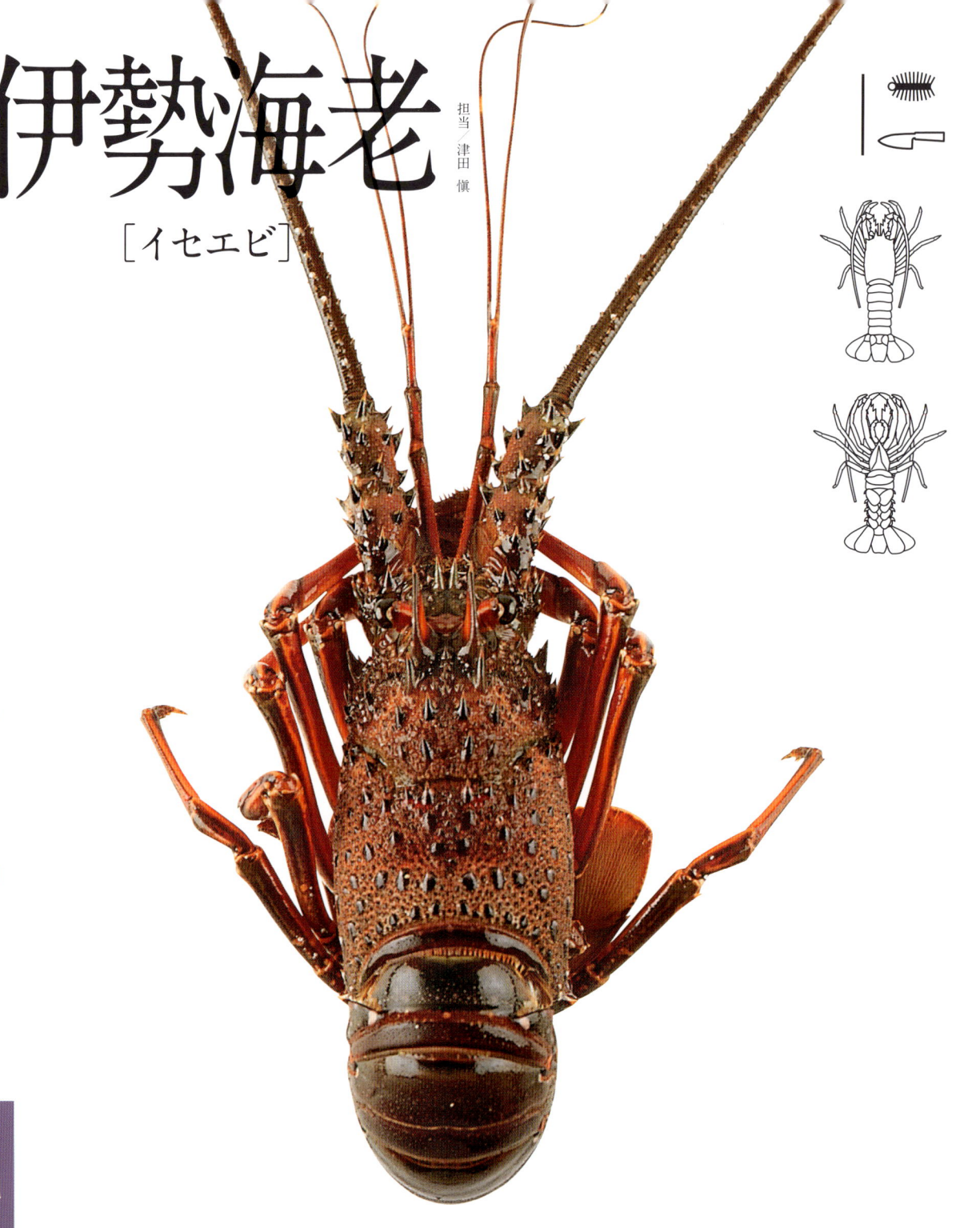

その他の魚介｜いせえび

◎頭胸部をはずす時は、頭胸部と腹部の境目にある薄い膜を腹側から切り離してから、
　手で頭をねじるようにして、引き抜く。

◎殻から身をはずす時、身に付いている薄皮ごとはがすと、はがしやすく、また、身
　がくずれない。

◎尾の殻を器替わりにして姿造りにする場合は、殻を傷つけないように注意して扱う。

殻を使わないおろし方

1 頭胸部をはずす

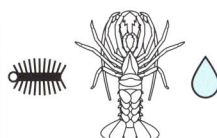

流水にさらしてタワシでこすりながら、全体をよく洗う。殻の節の部分などに、オガクズやゴミが付いていることがある。

6

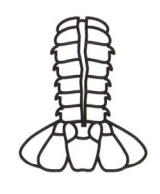

殻の背側に、**4**でつけた切り目から尾の付け根まで、縦に割れ目が入る。

2

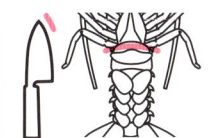

尾を下にして左手で持ち、出刃包丁を左にねかせて、頭胸部と腹部の境目に切っ先を突き入れ、接合部の薄膜を切る。

7 殻から身を取り出す

頭胸部の付け根を手前に左手で持つ。殻の割れ目を手がかりにして、頭胸部の付け根のほうから指で右側の殻をはがす。

3

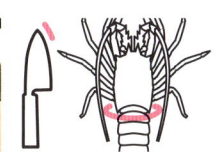

切っ先を前後に細かく動かしながら、殻のカーブにそって刃先を進めて一周し、手で軽くねじるようにして頭をはずす。

8

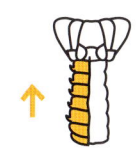

そのまま右側の殻を尾の付け根まではがし、本のように開く。左側も同様にして殻をはずしていく。

4 腹部の殻を割る

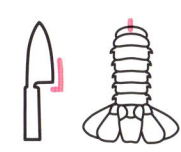

腹部の背を上、尾を手前に置き、尾を左手で押さえる。包丁の刃元の角で頭胸部の付け根の中央を軽く叩き、切り目を入れる。

9

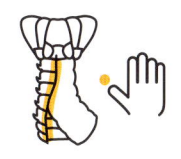

右手の親指の爪を立てて、左側の殻と身の間に差し込み、左手の指で殻を開くようにする。

5

腹部を横に置き直し、包丁を左にねかせて、腹部の脇を力を入れて叩く。

10

そのまま左手で殻を開きながら、右手の親指で、殻の内側の薄皮ごと、身を腹の皮から引きはがしていく。

11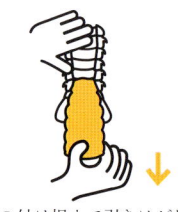

尾の付け根まで引きはがしたら、左手で殻を押さえ、右手で身を引っ張ると、尾の付いた身が殻からはずれる。

16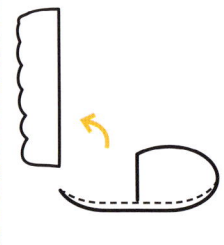

これで、左側の身がはずれた。

12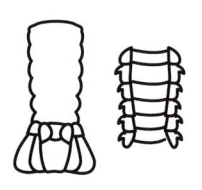

身と、腹皮の付いた殻が、きれいにはずれたところ。

17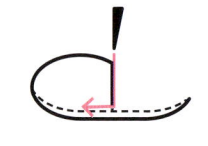

身を左に置き換え、**15**と同様に、身と薄皮の間に刃先を差し込む。

13 薄皮を取って上身にする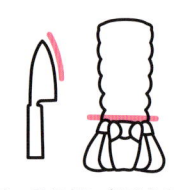

尾の付け根に包丁を入れて、尾を切り取る。尾は盛りつけの飾りに使えるのでとっておく。

18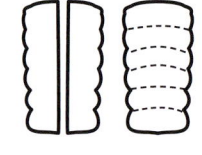

薄皮をそぎ切るようにして、身をはずす。薄皮は包丁で叩いて、伊勢海老しんじょうなどに使う。

14

身を縦にしてまな板に置き、縦中央に、下の薄皮を切らないように包丁を入れる。

15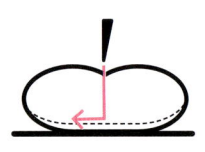

その切り目から、左側の身と薄皮の間に刃先を差し込み、薄皮をそぎ切るようにして身をはがす。

姿造りのおろし方

1
頭胸部をはずす

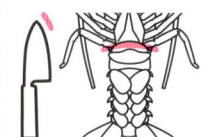

尾を下にして左手で持ち、出刃包丁を左にねかせて、頭胸部と腹部の境目に切っ先を突き入れ、接合部の薄膜を切る。

2

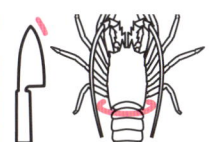

切っ先を前後に細かく動かしながら、殻のカーブにそって刃先を進めて一周し、手で軽くねじるようにして頭胸部をはずす。

3
腹皮をはずす

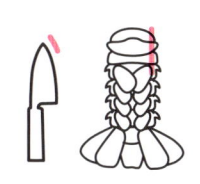

包丁を立てて、腹肢（ヒレ。泳ぐための脚）の付け根のきわから殻の間に、切っ先で切り目を入れる。

4

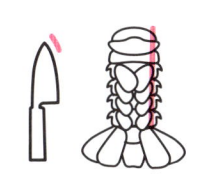

そのまま尾に向かって、腹肢をひと節ごとに、切っ先で切りながら、同時に、殻と身の間にも切り目を入れていく。

5

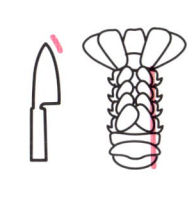

向きを変え、同じ要領で反対側の腹肢と殻のきわにも包丁を入れて切る。

6

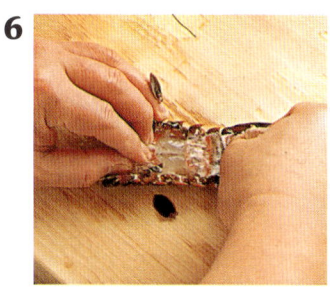

頭胸部の付け根側の腹皮を右手の指でつかみ、左手で身を押さえながら、尾のほうに向かってひと節ずつ腹皮をはがしていく。

7

腹皮と尾の付け根の部分は、包丁で切り離す。

8

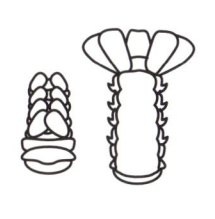

これで、きれいに腹皮がはがれた。

9
殻から身を取り出す

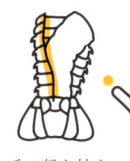

左手で殻を持ち、右手の親指の爪を立てて、殻と、身に付いている薄皮の間に差し込み、身を尾のほうに引きはがす。

10

そのまま薄皮ごと、ひと節ごとに力を加えるようにして、身を殻からはずしていく。

11

 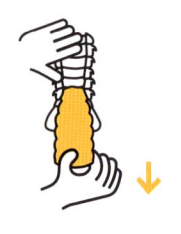

尾の付け根まで、身が殻からはずれた状態。

12

 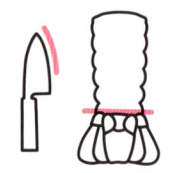

尾の付け根の部分の身は、包丁できれいに切り離す。

13

 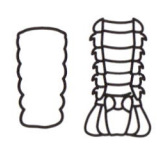

これで、殻と身とに分けられた。身から薄皮をはがして上身にする方法は、「殻を使わないおろし方**13〜18**」と同じ。

14

頭胸部をまな板にトントンと軽く叩きつけて、ミソを出す。この時、姿盛りで使う大触角（第二触角）を折らないように注意する。

付録
魚のつぼ抜きと
姿造り用おろし方

「つぼ抜き」とは、魚の腹を切り込んだり
頭をはずしたりせずに、口やエラぶたから
内臓を引きずり出す技法。
腹に詰め物をして丸のままで調理するなど、
姿を生かした料理のために行ないます。
またつぼ抜きにした魚から、
頭をはずさずに三枚におろして、
尾頭付きの中骨を器に見立てて
刺身を盛り付けるのが「姿造り」。
最近はあまり気にしなくなりましたが、
見栄えを重視する時は、盛り付け時の
表にあたる側は腹骨を切らずに身をはずします。

つぼ抜き

1

ここではつぼ抜きの例として小アジを用いる。キスや小アジのような小さな魚は口から内臓を抜く。

2

腹を上にむけてまな板に置き、箸で口を押えて開かせる。

3

開いた口から2本の箸をまっすぐに差し込み、エラを挟む。

4

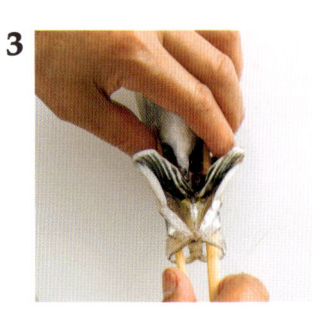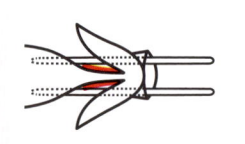

箸をねじってエラの付け根をちぎりはずす。

5

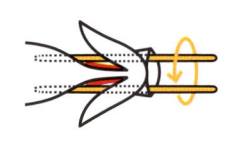

エラぶたを開いてエラとエラにつながった内臓をかき出す。

6

大きな魚の場合はエラぶた側を開けて横から箸を指し込んででもよい。

7

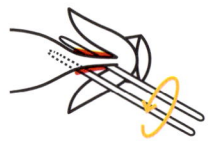

箸でエラを挟んで、ねじり切る。

8

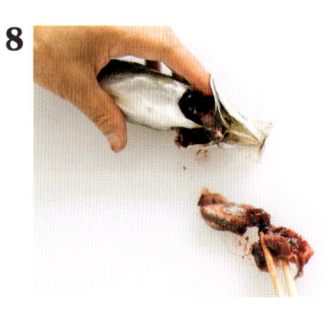

箸にからみついたエラを引きずり出す。

9

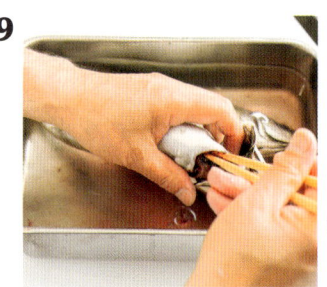

薄い塩水に浸けて、エラぶたを開いて箸で残りの内臓をかき出す。

10

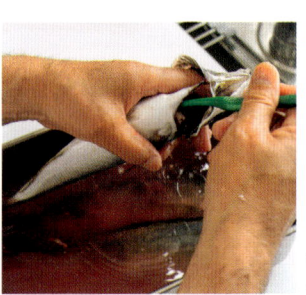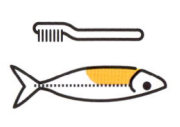

赤い血合いが残らないように歯ブラシできれいに洗う。

姿造り用おろし方

11

つぼ抜きしたアジを用いる。頭を左に、腹側を手前に向けてまな板に置き、ゼンゴを切りはずす。

12

尾の根元に縦に1本切り目を入れる。

13

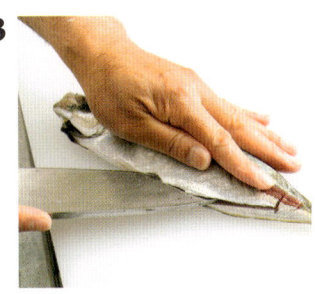

ここから腹に沿って切り目を入れていく。

14

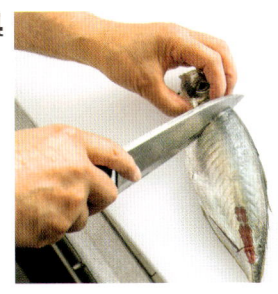

頭から腹に向かって、頭にかまが付くように斜めのたすき掛けに切り目を入れる。

15

180度回して頭を右に、背を手前に置き直す。

16

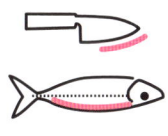

頭の切り目から包丁を入れ、背の皮を切る。

17

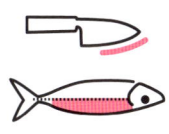

背骨の上をすべるように包丁を動かし、背身を切りはずす。

18

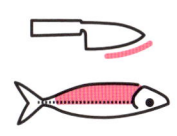

そのまま包丁を奥に差し込んで腹側の身も切りはずす。ただし中骨から腹骨の付け根を切らないように気を付ける。

19

腹骨を切らないように、中骨に少し身が残るようにして切るとよい。

20

めくるようにして背骨の上をすべらせるように包丁を切り進め、腹身を切りはずす。

21

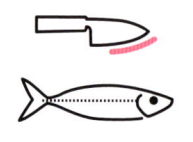

尾まで切り進めて片身を切りはずす。この後、魚を裏返して頭を右、腹側を手前に置き直す。

22

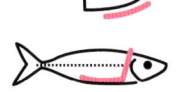

頭にかまをつけるようにして斜めに切り込んだ後、肛門まで切り進める。盛り付け時の裏側なので腹骨は切りはずしてよい。

23

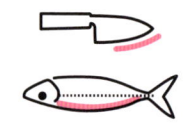

頭を左、背を手前にして置き直す。尾から頭に向けて切り開く。

24

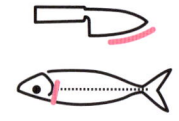

頭の付け根に切り目を入れ、**22**の斜めに切り込んだ切り目につなげる。

25

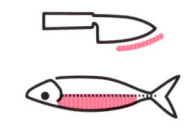

尾から背骨の上をすべらせるように包丁で切り進め、背身をはずす。

26

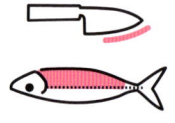

めくるように持ち上げて、背骨を乗り終えて腹身も切りはずしていく。

27

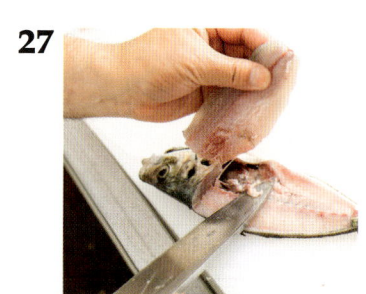

頭まで切り進めて片身をはずす。

28

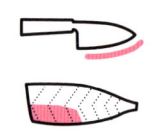

頭付きの中骨。こちらは腹骨が切られているので、内臓が入っていた腹腔が見えている。片身には腹骨が付いているので除く。

29

姿造り用に三枚におろし終わった状態。中骨には頭と尾、片側の腹骨が付いている。

30

中骨は楊枝などを刺して頭と尾が反った形に固定し、この上に刺身を盛り付ける。魚の鮮度のよさを強調した技法。

素材名50音別索引

調理指導担当者紹介

遠藤十士夫　料理研究所「青山クラブ」主宰

1940年、茨城県生まれ。東京・湯島の「ひらの」などを経て、78年に㈱日本興業銀行青山クラブ料理長となる。99年10月に独立し、東京・板橋に料理研究所「青山クラブ」を開設。宮内庁御用萬屋調理師会会長。

佐藤眞三　［㈱美濃吉］元総調理長

1933年、福島県生まれ。52年に祇園「玉ノ家」に入り、修業を積む。67年に京都の㈱美濃吉に入り、90年に総調理長となる。本店「竹茂楼」完成（92年）と同時に調理長就任。2003年名誉顧問就任、2005年に退職。

安海久志　［㈱美濃吉］調理最高顧問

1948年、宮城県生まれ。高校卒業後、東京、神奈川の料理店で修業を積み、73年に京都の㈱美濃吉に入る。関西地区の各支店で調理長を歴任後、美濃吉本店「竹茂楼」の調理長を経て2002年に取締役 新宿住友店調理長・支配人に就任。調理顧問就任後、2022年より現職。

津田　愼　［京津田］主人

1947年、京都生まれ。70年に東京の「京味」に入り、修業を積む。82年に独立し、東京・麻布十番に「京津田」を開店。93年に東京・赤坂に移転する（現在休業中）。

野﨑洋光　［分とく山］元総料理長

1953年、福島県生まれ。武蔵野栄養専門学校を卒業後、「東京グランドホテル」、「八芳園」などで修業を積む。80年に東京の「とく山」の料理長に、89年に東京・西麻布に開店した「分とく山」の総料理長となる。2003年に南麻布に移店。2023年に退職。

平井和光　［京懐石和光菴］主人

1946年、京都府生まれ。高校を卒業後、祇園の「浜作」に入り、修業を積む。大阪で料理長を6年間経験した後、83年に大阪・谷町に「和光菴」を独立開店。91年、本店近くに「京懐石和光菴」を開店。2005年に移店統合。

結野安雄　［石ヶ辻ゆいの］主人

1969年、三重県生まれ。あべの辻調理師学校卒業後、19歳で和光菴に入る。29歳から3年間は「神戸ベイシェラトンホテル」で修業。のちに和光菴に戻り、支店料理長を経て2005年「京懐石和光菴」調理長に就任。2019年に大阪・上本町に「石ヶ辻ゆいの」を独立開業。

山本正明　［赤坂とゝや魚新］元料理長

1953年、東京都生まれ。71年に京都の「たん熊北店」に入り、修業を積む。5年後帰京し、親類にあたる鮮魚商「魚新」を手伝う。80年に東京・赤坂の「赤坂とゝや魚新」の開店と同時に料理長就任。2012年退職。

カタチと骨格で理解する
魚のおろし方

初版印刷　2024年9月1日
初版発行　2024年9月15日

編者Ⓒ　柴田書店

発行人　丸山兼一
発行所　株式会社 柴田書店
　　　　〒113-8477
　　　　東京都文京区湯島3−26−9 イヤサカビル
　　　　電話　営業部　　　　03−5816−8282（注文・問合せ）
　　　　　　　書籍編集部　03−5816−8260
　　　　URL　https://www.shibatashoten.co.jp

印刷・製本　シナノ書籍印刷株式会社

ISBN 978-4-388-06385-7